U0926524

管理者说 · 树宏心源微智慧系列丛书

路的旁边还有“路”

孙树宏 著

中国财富出版社有限公司

图书在版编目（CIP）数据

路的旁边还有“路”/ 孙树宏著 . —北京：中国财富出版社有限公司，2020.11
（管理者说 · 树宏心源微智慧系列丛书）
ISBN 978-7-5047-7259-6

Ⅰ . ①路… Ⅱ . ①孙… Ⅲ . ①中小企业—企业管理—研究—中国
Ⅳ . ① F279.243

中国版本图书馆 CIP 数据核字（2020）第 196194 号

策划编辑 沈安琪　**责任编辑** 邢有涛　沈安琪
责任印制 尚立业　**责任校对** 卓闪闪　**责任发行** 杨　江

出版发行 中国财富出版社有限公司
社　　址 北京市丰台区南四环西路 188 号 5 区 20 楼　**邮政编码** 100070
电　　话 010-52227588 转 2098（发行部）　010-52227588 转 321（总编室）
010-52227588 转 100（读者服务部）　010-52227588 转 305（质检部）
网　　址 http://www.cfpress.com.cn　**排　　版** 宝蕾元
经　　销 新华书店　**印　　刷** 宝蕾元仁浩（天津）印刷有限公司
书　　号 ISBN 978-7-5047-7259-6/F · 3276
开　　本 710mm × 1000mm　1/16　**版　　次** 2021 年 5 月第 1 版
印　　张 17.5　**印　　次** 2021 年 5 月第 1 次印刷
字　　数 268 千字　**定　　价** 52.00 元

在前进的道路上，有时会遇到进退两难、要做出决定的情况，不妨换个角度来思考，也许我们就会明白，路的旁边还有“路”。

前　言

“季节不饶天，岁月不饶人”，不知不觉我已到知天命之年。和大多数人一样，我经历了童年的天真烂漫、少年的天马行空、青年的狂妄自负和中年的“若愚”之智。事业的发展更是大起大落，有着坐过山车似的刺激与跌宕。庆幸的是，最后还能平稳滑行，安然无恙，向着自己人生的理想目标，坚定地前进着。

时下有句流行语，“愿你走出半生，归来仍是少年”，岁月无情，少年自然不在了，但希望我们每个人，在经历过坎坷与挫折后，依然能够保持赤子之心。

不忘初心，方得始终。我问自己：“还记得自己的初心是什么吗？从小到大改变过吗？”经过仔细梳理后我才发现，固然其形式有诸多变化，但本质始终没有变，就是成为一个对家庭、对他人、对团队、对社会有重要作用的人。正因为对初心的坚守，我才始终没有跌落人生的悬崖。

我也曾豪情万丈，感觉会成为一名振臂一呼应者云集的英雄，岁月却无情地告诉了我一个真相：“你太平凡了！你应该思考如何让平凡的生命绽放出属于自己的光彩。”

于是，在绚丽的舞台上，在炫目的灯光下，在他人的喝彩声中，在激烈而残酷的商海沉浮中，我始终能保持清醒的头脑，认识到这都是平凡的工作、学习和生活。而正是在这些平凡的工作、学习和生活中，我有了许多的体会和感悟，并将它们及时记录下来。

如果非要说自己和大多数人有哪一点不一样，我想每天都能把人生的点滴感悟及时记录下来，分享给身边的人，特别是给各行业的管理者提供一点点启发或借鉴，并能持续五年之久，应该算是一个。这也是本书的由来。吾本“小”，故“微”说。成不了太阳，做一颗星，也很自豪；筑不成阳关道，做一块铺路石，也依然骄傲！

本书内容虽经过筛选，但终因我才疏学浅，水平有限，有疏漏不当之处在所难免，敬请各位同人及师友不吝赐教，感激不尽！

孙树宏

2021 年 2 月

目　录

沉淀与积累

做任何一份事业都需要经过积累，一个人的成功不是一蹴而就的，往往都是经过几年、十几年，甚至几十年积累沉淀，人生才能精彩绽放。

古人曾经说：“十年寒窗无人问，一举成名天下知。”想想是这个道理，如果没有十年的寒窗苦读，哪有最后一朝成名的荣耀呢？没有十月怀胎的痛苦和折磨，哪有一朝分娩做妈妈的幸福呢？

99℃的水是很热的水，加上1℃它就是沸水，但是没有前面99℃的积累，只是增加1℃能发生变化吗？这就是积累的过程，从量变到质变的过程。很多人在奔赴后天的路上选择了放弃，没有完成人生真正的沉淀。

每个人都想追求成功，都想绽放出人生的精彩，其实人生的任何成功都要有从量变到质变的过程。所以，要能经得起诱惑，耐得住寂寞，坐得住冷板凳。只要我们熬过这最重要的磨砺，就将迎来精彩而灿烂的人生。

不聋不瞎，不配当家

有位企业家痛苦不堪：我干了二十年，但是身边没有真正的得力干将，左膀右臂、四梁八柱一直没建立起来。为什么他会如此痛苦呢？因为他看谁都不如自己，看谁都不太放心。乾隆皇帝说过八个字，“不聋不瞎，不配当家”，应用到企业管理中就是有些事情看到就当没看到、听到就当没听到，对人不能太苛刻，要难得糊涂。

金无足赤，人无完人。其实每个人都有优点和缺点，如果你仅仅盯着他的缺点，任何人都不可能被你欣赏，更不可能成为你的中流砥柱。“水至清则无鱼，人至察则无徒。”这句话的意思是水太清了，鱼就活不了，要求别人太严了，连朋友也没有。人不能过于认真，否则，就会变成孤家寡人，特别是企业的经营管理者，要永远记住：用人所长，天下无不用之人；用人所短，天下无可用之人。一个人在某方面有了独特的优势，可能他就是你需要的人才。所以，作为企业经营管理者要好好揣摩一下乾隆皇帝这八个字：不聋不瞎，不配当家。这里面有无穷的管理智慧和经验。

人生的差距就在于此

曾经看到这样一则寓言。

一个猎人一枪打中了一只兔子，打断了它的一条腿。兔子拖着这条受伤的腿逃跑了。猎人把猎狗放出来，让它把兔子抓回来。十几分钟后，猎狗回来了，但是没有抓到兔子，内疚地说："我已经尽力而为了，兔子跑得太快了。"而兔子跑回家，家族成员都很惊奇，问它："猎狗的速度如此快，而你还被打断了一条腿，为什么猎狗没有抓到你呢？"兔子意味深长地说："我总在逃命，必须全力以赴，否则我的命就没了"。

这则寓言给了我很深刻的启发，人生就是这样，全力以赴和尽力而为的结果，往往有天壤之别。一个人做事情，如果能够百分之百投入，最后的结果可能是完美的；如果只是尽力而为，可能结果是令人遗憾的，甚至离目标越来越远。所以我们做人做事一定要严格要求自己，全力以赴做好每一个环节，而不是尽力而为。

让同一个手机号伴随我们一生

一天，一位十多年没有联系过的朋友找到了我，脱口而出："孙老师，太不可思议了，你的手机号这么多年都没变，你真是一个值得信赖的人。"我说："这个手机号已经跟了我十多年了，变了多麻烦，我终身都不会变手机号的，但没想到这么多年的坚持换来了你对我的这个评价，我很高兴。"因为赢得别人对你的信任，是一件很欣慰的事。后来我了解到一个关于手机号的研究结果：如果一个人的手机号 8 ~ 10 年保持不变，可以判断这个人是值得信赖的人。这最起码可以说明四点：第一，他肯定不欠别人的钱；第二，他也不欠别人的情；第三，他不怕别人找到他；第四，他重感情，总希望老朋友多年以后还能找到他。

真没想到小小的一个手机号还蕴含这么多的意义。人的诚信往往是点点滴滴积累起来的。很多人今天换一个手机号，明天换一个手机号，换来换去给别人留的手机号都打不通了，给人一种不踏实的感觉。我的这个朋友点燃了我的很多思考。很多人在自媒体上注册的时候用的都是假身份、假名字，甚至是假头像、假资料，特别是使用最多的微信，打开微信一看，照片是假的，微信名是假的，工作地点是假的，传递的都是假的信息，请问他怎么赢得别人的信任呢？点点滴滴的小事都会影响诚信的建立。让我们做一个值得信赖的人，那样，我们的朋友会越来越多，我们的路会越来越宽。

下下签才是最好的签

曾经有个学员给我发了一条微信，还附带了图片。他去寺庙里求签，结果抽了一个下下签，非常沮丧、懊恼。我给他打了个电话说：“恭喜你，你快鸿运高照了！”他说：“孙老师，别开玩笑了，我又不是抽了一个上上签。”我说：“别这么想，人生就是一个登山的过程，我们都希望一路风景秀丽，轻松地登上巅峰，去感受一览众山小、指点江山的感觉，可是你有想过登顶以后吗？无论你往哪个方向走，都是下坡路呀。正所谓水满则溢，月满则亏；花最红最艳的时候就是凋谢的开始，阳光最热最燥的时候就是日落西山的开始。人生就是这样，上上签未必是个好签。但我认为下下签是人生最好的签，它是一份激励、一份督促、一份提醒，是你前进的力量。下下签象征着你的命运跌到了谷底，无论你往哪个方向攀登，都是上坡路。”

“不经一番寒彻骨，怎得梅花扑鼻香。”“宝剑锋从磨砺出，梅花香自苦寒来。”不经历风雨怎么见彩虹？黎明前是最黑暗的，熬过去就是旭日升起的时刻。所以，这个签是好是坏，源于我们内心深处的感受。内心充满阳光，这个世界就充满阳光；内心充满快乐，整个世界都是快乐的。练就一个强大的内心是最重要的，这样才能“宠辱不惊，闲看庭前花开花落；去留无意，漫随天外云卷云舒”。这就是一种平常的心，一种强大的心理状态。抽到下下签不要沮丧，我认为这是人生最好的签。要练就强大的内心，永远充满阳光、永远有强大的动力。

珍惜当下的幸福

一次跟几个朋友谈论到婚姻和家庭时，有朋友问我：“孙老师，都说‘家花’没有‘野花’香，你是如何看待和理解的呢？”

很多人对自己优越的生活环境熟视无睹、视而不见，总去关注别人的幸福，关注那些没有得到的所谓幸福。所谓的“家花”和“野花”真的存在吗？我们眼中的“家花”在别人眼里或许就是“野花”，我们眼中的“野花”在别人眼里或许就是“家花”。何谓“家花”，何谓“野花”，有明确的界限吗？这与他人没有关系，而是与自己的心境有关系。我们在桥上看风景，也许就成了看风景人眼睛里最美丽的风景。也就是说，当我们羡慕别人幸福的时候，其实我们可能也是别人羡慕的对象。人往高处走没错，但是我们在追求所谓的幸福、追求未来目标的时候永远都不要忘了活在当下，珍惜眼前的幸福，这样我们才有资格、才有底气、才有基础和实力去追求所谓未来的幸福，否则那些幸福也会成为无源之水、无本之木，或成为泡影，或昙花一现。打开我们的心，去除心中的“雾霾”，把目前所拥有的一切当作最珍贵的东西，我们现在所拥有的“花”既是“家花”又是“野花”，只要我们拥有良好的心态，敞开心扉，让阳光照进我们的生活、照进心里，家里的“花”既娇艳又富贵，还有野花的热情和奔放，我们的生活每天都是春暖花开。

为何很多人一生都没有机会

人的生命是很短暂的，如果能抓住机会，还是能做出很多成绩的，甚至是干出一番惊天动地的大事。但很多人也在叹息：“为什么我没有这方面的机会，为什么那么多机会与我擦肩而过？”

其实，机会是给有准备的人。何谓有准备的人呢？把每一天都当作生命最后一天过的人，他们每天都是全力以赴、百分之百努力，每天都是以高标准要求自己，每天都以高标准对待自己的工作。所以，机会一旦来临，他们会迅速抓住脱颖而出，担当大任，在某一个岗位或领域中成为行家，成为顶尖的专家。积累和核心竞争力，是他们能够抓住机会的前提。

王宝强是一个地地道道的“草根”明星，但他的生活经历很丰富，如果他没有那么多年的历练，能把小人物演绎得那么惟妙惟肖吗？

大衣哥朱之文，他模仿杨洪基可以以假乱真，如果没有他这么多年的积累、这么多年的训练，就不会有在“星光大道”的成绩。

任何人只要具备了这种能量和积累，都能抓住机会，否则机会将与我们擦肩而过。机会是努力拼搏、全力以赴的结果，是厚积薄发的结果，是辛勤耕耘的回报，也是对有格局、有真才实学人的馈赠，它绝对不会凭空出现，天上不会掉馅饼。从现在开始，我们要全力以赴、百分之百地投入到工作中，来打造我们的核心竞争力。何谓竞争力？就是别人很难复制甚至无法复制的一种能力。有了这种能力，就会有更多的机会等待着我们。

你敢用“谏臣”吗

所谓“谏臣”就是敢于向帝王提出反对意见，并促使帝王采纳意见的忠臣良将们。古今中外不乏这样的忠臣，中国古代最著名的要数唐朝的魏征。魏征因为敢于直言犯上，敢于向唐太宗李世民不断提出反对意见而著称于世，后人称他为“千古第一谏臣”，李世民也因为包容、重用了魏征这样的谏臣，才成就了“贞观之治”，给自己带来了一代明君的美誉，对后世的影响非常大。

当今世界无论是企业领袖，还是职场精英，或是普通的百姓，无不希望自己心胸开阔，境界更高，格局更大。但是当别人给我们提出意见和建议时，尤其是提反对的意见时，又有多少人可以欣然接受呢？又有多少人发自内心感恩对方呢？特别是一些企业的领导，一旦下级做出这样的举动时，又有多少人能接受呢？事实上是轻者耿耿于怀，重者拍案而起，严重影响了上下级的关系。归根结底还是心胸不够开阔，境界不够高，格局不够大。

一滴墨可以染黑一瓶水，而一缸墨水、十缸墨水也改变不了大海的颜色，因为海足够大。海纳百川，那是肚量，成熟的稻穗低下了头，那是分量。肚量加分量，就是人生的质量。

良药苦口利于病，忠言逆耳利于行，干大事的人都明白这个道理。

你敢用这样的“谏臣”吗？让我们开阔心胸，听取更多的意见来提升自己、使自己变强大，用决策来把握人生正确的方向。

同频道沟通

从事营销工作二十几年，经常有亲朋好友问我：“孙老师，有没有一套适合所有人的话术，见面了说一下，就可以马上成交。”我说：“过去没有，现在没有，未来也不会有。但如果能‘见人说人话，见鬼说鬼话’，相信你的业绩能实现大幅度提升。”

话糙理不糙，这句话道出了营销的根本，即人与人之间应保持同频道沟通，只有在同频道沟通才能走进对方的心。见到孩子就要说孩子能听懂的话，见到大人就要说大人能接受的话，见到学生要说学生能理解的话，见到农民要说农民能明白的话，这就是同频道沟通，这样的沟通才有意义和价值。

不在一个频道上沟通是无效的，只有同频道沟通让彼此快速地建立信任，快速地走进对方的心里。

人生得一知己足矣，“高山流水遇知音”“士为知己者死，女为悦己者容”讲的都是同频道沟通的魅力。所以，同频才能交流，交流才能交心，交心才能交易。

同样产品比价格，同样价格比服务

在当今这个竞争激烈的社会中，企业都在努力打造自己的服务品牌，真正地走进客户的心，让客户成为自己永远的客户。现如今，普通的服务、标准的服务都不行了，唯有超值的服务，也就是超出客户想象的、意料之外的服务，才能赢得客户的心。

某次我去河北省张家口讲课，那天的天气非常热，讲完课我浑身都是汗，当我打开宾馆房间门的时候，一股凉风扑面而来。原来服务员已经把空调打开了，当时我心里特别高兴，再一看桌子上有一封信，写着：“尊敬的孙老师，欢迎您下榻我们宾馆，知道您讲课辛苦，我们特意为您准备了润喉糖和冰糖雪梨，祝您入住愉快！”那一刻我非常舒服、非常开心。

后来我在讲课时每次都把它作为案例讲给大家，经过我的传播，后续有百余位客户入住了这家宾馆。所以在当今的社会，同样的产品比价格，同样的价格比服务，这样才能维系客户的心。假如你是一个老板，必须要做到让客户有这样的感觉：我本想收获一缕春风，你却给了我整个春天；我本想收获一朵浪花，你却给我了整个海洋；我本想收获一片树叶，你却给我了整片森林。有了这样的超值感觉，客户才有机会成为永久的客户，这才是企业基业长青，成为百年老店的基础。

如果没“用”，等于“没用”

曾经有一个学生问我：“孙老师，学习一定能迈向成功吗？”我说：“为何问这个问题呢？”他说：“我一直认为学习可以迈向成功，但我发现这么多年来，我的钱越来越少，现在我几乎变成了穷光蛋，变成了没出息、没有用的人了，这是为什么呢？学习真的能让人迈向成功吗？”我问他：“两年前学的东西还记得吗？”他想想回答说：“不记得了。”我又问他：“一年前学的东西还记得吗？”他说：“也不清楚了。”“那一个月前呢？两天前呢？”我又连续追问他，而他都不能很好地回答上来。

我们学习是为了学以致用，而不是单纯为了学习，如果你所学的内容不能转化为自己的东西，不能运用在实践当中，那么，这样的学习有什么意义呢？只有把学到的知识运用到实践当中，让这些知识转化为技能、转化为财富，这些知识才能变为自己的东西。

我又问他：“会游泳吗？”他说：“会。”我说：“十年不让你游泳，你还会吗？”他说：“会。”再问他：“会骑自行车吗？”他说：“会。”我说：“十年不让你骑自行车，你还会吗？”他说：“仍然会。”这就对了，你已经把教练教给你的技术都掌握了，所以过五年、十年你仍然还能够很熟练地操作。

学习也是这样，只有把所学的知识，老师教的内容运用到实践当中去，变为自己智慧的一部分，才有真正的价值。如果是单纯学习，而不去运用，听一辈子也不会走向成功。很多人喜欢学习，但不喜欢复习，更不喜欢练习，所以没有成功。不是学习没有用，是因为没“用”，所以“没用”。

要想成为一个有出息的人、一个有用的人，让我们从现在开始学以致用，只有这样知识才能真正地发挥它的作用，人生才能越来越精彩。

永远保持乐观的心态

大千世界，芸芸众生，我们每个人都很重要，只要拥有这个心态，生活会每天充满阳光、充满色彩，否则就会阴云密布、雾霾丛生。

一念天堂，一念地狱，观念一变天地宽。我们无法左右天气的变化，但是我们可以改变自己的心情，无论面对什么样的烦心事，我们要像大海一样，只要进入我的怀抱，就把它变为湛蓝的海水。人生哪能每天都有开心快乐的事，人有悲欢离合，月有阴晴圆缺，此事古难全。

生活没有十全十美，所以寄予希望也是一种生活的态度，让不开心的事情都化为乌有，永远保持乐观的心态。

你是电灯泡，还是发动机

有一个员工给我打电话说：“孙老师，我不想干这份工作了。”我说：“为什么？”他说：“这个工作本身就很难，好不容易取得了一点成绩，可是没有一个人赞美我，建了一个群发了那么多的好东西，也没人点赞，也没人回应，一点成就感都没有，越来越不想干了。”我说：“你的心情我可以理解，有人关注，有人赞美，当然是件很开心的事，但是难道没有关注和赞美我们就不工作，不前进了吗？人有智商、情商、财商，还有一种是理商，就是在不开心、不顺利，甚至在逆境中所表现出来的情绪。有成就的人的理商是很高的。成功需要耐得住寂寞，经受得了煎熬，难道每天都要受到别人的赞美才有动力吗？”

你是愿意做电灯泡还是发动机呢？电灯泡很亮，但它必须借助外界的力量，才可以发光，而发动机可以成为别人动力的源泉。我们是不是更应该成为发动机，而不是电灯泡呢？

鹰不需要掌声，也在飞翔；小草没人心疼，也在成长；山上的野花没有人欣赏，也在烂漫芬芳。让我们不断地充实自己的内心，成为一台具有强大动力的发动机，为社会输入更多的正能量和动力，这样我们的生活会越来越好，社会才会越来越和谐。

适应变化，顺势而为

古人很讲究“从一而终”的情怀。但现如今，这个观念需要重新解读，才能更好地被贯彻落实，从而创造美好的生活。因为，大多数人脑海中的“从一而终”，很多时候都是不知变通的外在形式而已。他们对其内涵、本质，比如诚信、专注等，往往全然不知。

“从一而终”的人生理念，在外在形式上，已越来越受到挑战。比如在早些时候，一个工人，在岗位上待的时间越久越受人尊重。但现在，已经是机械化作业了。如果工人不改变工作的方式，就要落伍了，是会被无情淘汰的。

曾有一个员工，在单位一直工作了 20 多年，但最后要下岗。他很不服气，认为自己有 20 多年的工作经验。但事实上，他不是有 20 多年的工作经验，而是把这个经验用了 20 多年。

现如今，我们在一个个试错中得到新的“经验”，在重重的压力之下，逼着自己打开审视这个世界的另一双眼。

希望大家，能用一生的时间，去干一件自己喜欢的事情，就像我做树宏心源教育一样。这个世界唯一不变的就是变化。适应变化，顺势而为，才能永立不败之地。

所以，无论是个人的成长，还是社会的进步，归根到底，都是学会适应变化的过程。

这才是真正强大的人

人生有四大喜事：久旱逢甘雨、他乡遇故知、洞房花烛夜、金榜题名时。人生也有三大悲剧：幼年丧母、中年丧妻、老年丧子。

近期我结识了一位老人，可以说他是很苦的人，因为人生的三大悲剧都发生在他的身上。但老人每天都背着一把太极剑来到公园和朋友们一起交流，非常专注、认真。结束后回到住宅区，他又和一帮朋友们下棋，打扑克，谈笑风生。回到家后，他自己做饭。他做得一手好菜，有很高的烹饪技术，哪怕是很简单的白菜，也能做得色香味俱全，吃起来有滋有味。吃过饭他会躺在院子里或在书案旁看书，散文、唐诗、宋词、元曲、明清小说他无不涉猎，都有浓厚的兴趣。生活过得有滋有味。我问他："你为何过得如此淡然？"他说："人世间的一切，当你不能改变的时候，就要去适应它，看一个人是否真正强大，不是看他拥有什么，而是看他能够承担什么。"

这句话深深地点醒了我，令我感触良多。这位老人才是人生的导师，才是我生命中的贵人。真正强大的人应该是他这样的。因为生活不可能一帆风顺，不可能是想象中那么简单、那么顺利。当遇到困难、挫折的时候，我们想想这位老人。面对生活的困难、磨难和打击，他能够保持淡然，保持如此乐观的心态，而且教导我们适应无法改变的，学会承担。同时我想起了《菜根谭》的一句话：宠辱不惊，闲看庭前花开花落；去留无意，漫随天外云卷云舒。这就是这位老人心态最好的写照。我们应该向这位老人学习，变成一个内心强大的人。

外语重要，但母语更智慧

精通一门外语，对于个人成长发展非常重要，这是毋庸置疑的。但有的人外语水平非常高，母语（汉语）水平却非常一般，这是非常遗憾的事情。

众所周知，汉语是一门伟大的语言，它具有形式美、字意美、韵律美的特点，同时是一门具有智慧的语言。

一位朋友对于“生意”的解释让我更坚信了这一点，他说：“何谓‘生意’，‘生’就是陌生，‘意’就是满意，把陌生的人服务到满意就能达成生意。”汉语类似这样充满智慧的点太多了，如“舍得”，舍在前得在后，一定是大舍大得、小舍小得、不舍不得，而不是得舍；“痛快”，痛在前，快在后，没有痛，哪有快乐呢？还有“危机”，危险的时候往往隐藏着机遇。“大智若愚”“大爱无疆”“大方无隅”“大音希声”“乐极生悲”“苦尽甘来”“欲速则不达”，这些词语都充满智慧，表达得如此淋漓尽致，如此通俗易懂。

一次，有一个外国人翻译“两个黄鹂鸣翠柳，一行白鹭上青天”这么优美的诗文时，选择直译，那种优美的意境荡然无存。所以我们应珍视汉语中的精华，感受其中的智慧，弘扬中华传统文化。

一毫米的市场威力

很多人从事营销多年，常常为拓展市场、提升业绩而苦恼，甚至有种山重水复疑无路的感觉，其实很多时候并不是没有市场，而是缺乏创新的思维、创新的动作。很多企业往往是因为一个创意而起死回生，出现柳暗花明又一村的转机。

相信很多人都听过一句非常经典的话："把现在牙膏的开口再扩大一毫米。"小小的一毫米却带来了巨大的市场威力，因为这增大了牙膏的使用量，结果牙膏的销售量猛增。原来我们去超市买牛奶，都是抱着回来的。后来有企业从中发现了商机，设计并生产出了创意包装——带提手的包装盒，一下就赢得了消费者的青睐，业绩得到了大大的提升。于是，好多牛奶品牌纷纷效仿，但作为追随者，失去了大量的市场份额。

如果在激烈的竞争中，我们能把脑洞再打开一点，能接受更多的资讯，学习更多的知识，在产品中增加更多的创意，企业就会有新的生存空间，甚至会越做越大。

借力使力，人生大智慧

在工作或生活中，要学会适当地依赖别人、向他人借力，这是一种谦卑的态度，更是一种智慧。所谓的借力使力不费力正是这个道理。

古人云：“假舆马者，非利足也，而致千里；假舟楫者，非能水也，而绝江河。”

这句话意思就是说：虽然不能日行千里，但是借助车辆，照样可以达到千里之外；虽然不会游泳，但是借助船只，照样可以纵横江河。

时代在发展，我们更要学会借力使力，否则生存和发展都是问题。出门我们要借助交通工具，交流要借助电话和互联网。这些都是现在的科技成果带给我们的方便，都是借力使力的体现。

个人单打独斗的时代已经过去，现如今必须团队作战，更好地借助团队来发挥个人的价值。一滴水只有融入大海，才能掀起惊涛骇浪。

集体的力量大于个人的力量，集体的智慧大于个人的智慧。个人不断奋斗的同时要借力社会、借力身边资源不断地成长、壮大自己，才能走向辉煌。

说话的艺术

给人带来快乐、带来愉悦的心情的话才是好话，真话未必是好话，不要让真话成为“伤”人的利器。

你一开口别人就觉得烦恼、讨厌、焦虑，谁还愿意与你交流，谁还能成为你的知己呢？“逢人减岁，遇物加钱”，说的也是这个道理，猜别人年龄时要往小了说，猜别人东西的价格时要往高了说，这样别人才开心、愉悦，才愿意与你交流。

有人会说这是虚伪，其实这不是虚伪，这样做能给别人带来开心和快乐。

做诚实的人、说诚实的话当然是有必要的，但是在一些特殊的情况下，善意的谎言既代表关爱和修养，也代表责任和担当。

强大自己，才有高质量的人脉

当今世界，人脉就是财脉，所以人们都会通过加微信、留电话等途径拓展自己的人脉关系。那面对着成千上万个电话号码、微信好友，又有多少真正的人脉关系是属于我们的呢？

一个朋友有很多和名人的合照，有政界的、商界的、文艺界的。我问他：“你认识他们，他们认识你吗？假如今天你真有什么事情，请他们帮个小忙，他们知道你是谁吗？”他说：“不可能，因为跟他们合影的人太多了，他们根本不记得我。”这样的合影其实就是满足了自己的虚荣心而已，没有太大价值。

只有足够强大，才能取得对等的人脉关系，对方才会记住你。

我曾经做过一个测试，就是假设一个企业家遇到了困境，看看短时间有多少人伸出援助之手把钱打到他的账户上。一个老板说：“我可以保证一个小时内账户多出 50 万元。”结果一个小时过去了，他的账户只多出了不到 5 万元。他这才意识到那些所谓的牢不可破的人脉关系是多么脆弱，自己是多么弱小，不禁痛哭流涕。因为不够强大，所以不可能有与之对等的人脉关系。

当我们花很多时间去参加各种各样的社交活动的时候，我们要问问自己：“我足够强大吗？”如果还没有足够强大、足够优秀的时候，不要花太多宝贵的时间在无用的社交活动上，而是要花时间在读书提升自己上，提升自己的专业技能，让自己越来越强大。当我们足够强大时，人脉关系会随之而来。

有人说：“钱不是赚来的，是客户亲手送来的。”其实，人脉关系也是一样的，当我们足够强大时，强大的人脉关系自然随之而来。

思路决定出路

在竞争激烈的社会中，人们很多时候并不是缺少机遇，也不是命运不公平，而是缺少一种正确的思维方式。人生的改变来源于思想的改变，来源于内在智慧的改变，来源于内在思维模式的改变。

英国有这样一句话："一夜之间可以造就一个百万富翁，但是要培养一个贵族却要三代人的努力。"我们在追逐财富的过程中更应该修炼自己的境界、智慧，才能成为一个成功的人，成为一个有内涵和品位的人，否则就是一个暴发户。一个国家只有文明强大才是真正的强大。

格局决定结局，思路决定出路，眼界决定境界，脑袋决定口袋。

把握“四个同步”，沟通无障碍

人与人之间的沟通应该是高效的、畅通无阻的，甚至是开心的、快乐的、双赢的。如何才能达到这样的效果呢？以下“四个同步”是在沟通时必须注意，并加以运用的。

第一，情绪同步。人人都有喜怒哀乐等多种情绪，沟通时需要把握对方的情绪，与对方保持同步。对方开心，你就是再痛苦也要表现出开心；对方痛苦，你就是再开心也要表现出痛苦。一个人在他人的婚礼上痛哭流涕，大谈婚姻给其带来的伤害，处在这样的情绪氛围中怎么能赢得高效沟通呢？

第二，语言同步。要根据对方的年龄、职业、地域环境来设计同步的语言。对方说的是方言，如果可以用方言与其沟通，效果一定会很好；对方有口头禅，你也可以说几句口头禅，也许会有意想不到的效果。

第三，状态同步。对方很庄重，你也要严肃一些；对方很放松，你也可以表现得放松点；对方靠在沙发上，你也靠在沙发上；对方身体前倾，你也前倾，这样会让对方感觉你们是同道中人，可以取得好的沟通效果。

第四，观念同步。只有同步的观念才能保证沟通顺畅，否则容易引起争执，就算最后赢得了道理，但有可能失去了朋友和客户。有人说：“我不同意他的观点。”即使我们不同意，首先也得与他同步。比如有人认为读书无用，我们可以说：“是的，我很赞同你的观点，想当年我也是这样认为的，但是后来我是这样想的……”我们不能一开始就反驳他的观点，而是要慢慢引导，否则沟通就没有办法往下进行了。

所以只有同步才能交流，有交流才能交心，有交心才能有交易。

“扬长”远重于“补短”

扬长避短，取长补短，长就是优势，短就是短处、劣势、不足。相比较而言，“扬长”远重于“补短”，因为每个人都有优势和劣势，强项和弱项，充分发挥自己的优势、强项，更容易取得成功。

姚明的优势是自己的身高，于是他成了篮球健将；刘翔善于跨栏，他成了跨栏冠军；孙杨擅长游泳，他成了游泳冠军。他们三个人都有自己的强项，把强项发挥到了极致，并且都成功了。如果把他们三个的角色互换，结果会怎样呢？可能刚一上场他们就会被淘汰。

人生中重要的是“扬长”，而不是“补短”。人生苦短，有些短是补不完也没必要补的。

可能有人会说：“我好像生来就没有什么长处，也没有什么强项。”其实每个人来到这个世界上都有自己的强项，只是你还没有发现。尺有所短，寸有所长，垃圾也只是放错位置的宝贝。“骏马能历险，犁田不如牛。坚车能载重，渡河不如舟。”每个人都有自己的优势，都有自己的强项，我们要充分发挥自己的优势和强项，否则天赋再高也难干出一番事业。

我们需要好好盘点自己、审视自己，找出自己的优势和强项，在自己的领域内努力将其发挥到极致，否则事倍功半。

无度？无毒？天壤之别

几年前在一家企业讲课时，我在领导的办公室拍到一张照片，内容是一幅字：量小非君子，无毒不丈夫。记得当时我跟这个领导说：“这张照片必须撤下来，因为它充满了负能量，这句话的原文是‘量小非君子，无度不丈夫’，意思是没有度量的人不能被称为大丈夫、真君子，而不是指心狠手辣的人。”这个领导问：“民间不都是这样说吗？”我说：“因为‘度’和‘毒’是谐音字，而且有些人干了坏事，又想寻求心理安慰，才把无度说成了无毒。”

人们都是欣赏和推崇度量大的人，也只有度量大的人才能干出一番大事。

所谓“海纳百川，有容乃大”“宰相肚里能撑船”，说的都是度量大的人能成就一番事业。

安徽桐城有一个“六尺巷”。清代康熙年间，大学士张英老家的亲人因为宅基地的问题，与邻居发生了争执，写了一封信给张英，让他跟当地的官员打声招呼通融下。张英见信后写了四句话，“千里家书只为墙，让他三尺又何妨。万里长城今犹存，不见当年秦始皇”。家人收到信后撤让三尺，邻居深受感动，也连让三尺。于是成就了“六尺巷”，成了千古美谈。

要拓展我们的人生格局，修炼我们的人生境界，让我们的肚量越来越大，让我们的心胸越来越开阔。无度和无毒一字之差，可以说是一个天堂一个地狱，代表完全不同的人生观、价值观。

你认为对的，未必就是对的

有次去一个朋友家，他给我冲了一杯咖啡，很兴奋地告诉我："这是我从美国专门带回来的，给你冲一杯尝尝。"说实话，我心里很难受，因为我不喜欢喝咖啡，我更喜欢喝茶，但碍于面子，我就喝了一口，但我根本适应不了那个味道。我暗暗叫苦，为什么不征求一下我的意见呢，难道你喜欢的我就一定喜欢吗?

有一个企业的领导，拿了一个微信都发不了的老旧手机，我问他："为什么不学着发微信呢?"他说："发微信太麻烦，短信才最方便，我要求身边人有事发短信给我。"发短信就是最方便的吗?发微信麻烦吗?这样的领导将会把企业带向何方，可想而知。

父母疼爱孩子，无可厚非。但个别家长认为：必须给孩子锦衣玉食的生活、丰厚的物质，这才是疼爱孩子的表现。但这种观点历来被人们所诟病。

林则徐曾说："子孙若如我，留钱有何用?贤而多财，则损其志；子孙不如我，留钱有何用?愚而多财，则增其过。"多么有见地，多么有高度的观点。在生活当中，我们应尽可能地从实际出发，尽可能地多调查研究，尽可能地多站在对方的立场上，这样我们制定出来的方针政策，才能赢得更多人的支持。这样的决策、这样的人生态度，才能让我们的事业越做越大，我们的人际关系也才能越来越好。

人生价值几何

每个人都有自己的价值，关键是如何去寻找，如何去开发，如何去提升和放大这种价值。

我们该如何定义自己，我们人生的拍卖场在哪里，舞台又在哪里？拍卖场不一样、舞台不一样，我们的价值就不一样。人生最怕就是瞧不起自己，谁说你没价值？除非你是这样认为的，否则没有任何人有资格给你的人生下定义。选择什么样的道路和舞台就会有什么样的人生，审时度势，才能越走越远、越走越光明，走上宽阔的舞台，成为优秀的演员，绽放人生的艺术和精彩。

不要轻易评论他人

现在很多朋友在网上不用真名，对任何人、任何事都想评论一番，其中不乏偏激一些的语言，甚至是人身攻击。有人问我：“孙老师，你对此事有何看法？”我说：“不便发表意见，因为我不太了解事情的真相。但我也在思考一个问题，假如事件的主人公换成你我，或者我们是发表评论的人，结果会不会比现在更好呢？”答案是未必，很多时候，我们扮演的都是评论者、旁观者的角色，换位思考，同样的事情我们会不会比别人做得更好，会不会带来更加满意的结果呢？

置身事外时，人们往往可以做到心平气和、评头论足、指点江山，但是身处其中时，又有几个人能做到从容淡定、坦然自若呢？所以不要轻易地去评论任何人，因为你不是身在其中。我们更要做到理解和包容。要多拿出精力去探求事情的真相，然后再去发表言论，其实这是一个做人做事的原则，也是一份修养，更是人生的一种境界。总之，请不要轻易地评论任何人，因为你不是身在其中。

创造价值

一个朋友给我打了个电话发了一通牢骚：“我曾经也是单位里多年的销售冠军，只是这几年身体不好，年龄也大了，很多新的商业模式也没有掌握，被年轻的后起之秀所取代，昔日冠军的光辉荣耀早以荡然无存，完全靠边站了。曾经为这个企业做出那么大的贡献，创造过那么多的辉煌，但现在领导为什么会这样对我，这是卸磨杀驴、过河拆桥。”我说：“你的心情我很理解，但这很正常，企业不是慈善机构，也不是养老院，企业要求每个人每天都要创造新的价值，要每个人都成为企业的正资产，否则这个企业就会破产或倒闭。”所以不管你昔日有多厉害，过去有多少辉煌，如果你不能给企业带来新的能量、新的价值，你终究会被淘汰，这很正常。换你当领导、当老板，你一定也是用这样的管理方法。

企业重视你，是因为你能创造价值，淘汰你是因为你失去了价值。过去的价值不代表未来的价值，所以每天都要努力进步、成长，这样才能够永远保持地位和尊严。

只有不断成长，不断学习，不断进步，我们才能跟上时代的步伐，才能在任何单位，任何平台，任何岗位上永远保持自己事业上的青春和活力，永远保持那份尊严、那份光环和荣耀。

改变自己

相比世界而言，每个人相当于微小的沙粒，改变世界很难，改变自己却很容易。与其改变全世界，不如先改变自己。如果我们想看到世界的改变，第一个应该改变的是自己。

四川的青城山上题有一副对联：事在人为，休言万般皆是命；境由心造，后退一步自然宽。心态变了，看待世界的方式就变了，态度也随之改变。与其改变世界，不如先改变自己，把自己变得更好、更优秀，再投入改变世界的队伍之中。

“四缘”成就广阔人脉

有人说人脉等于财脉，还有人说有“关系”就没关系，没“关系”就有关系，有没有关系，就看你有没有“关系”。

人脉关系是重要的，在大千世界的芸芸众生之中，如何快速地建立自己的广阔的人脉关系呢？我给大家介绍四种缘分，如果能够正确地理解并加以运用，一定会对建立人脉关系起到推波助澜、如虎添翼的作用。

第一，亲缘。亲缘就是有血缘关系和某种亲戚关系的，对很多人来说，同一个姓氏的人，不管在什么地方碰到都感觉不一样，我看到姓孙的朋友的时候，常说：“哎呀，五百年前我们是一家的。”一下子彼此间的距离就拉近了，这是不一样的，应该予以高度重视。

第二，地缘。老乡、同学、战友，这都叫地缘关系。拉近人与人之间的距离迅速地建立信任感，同样非常重要。包括出国以后，我们都是中国人；在北京，我们同是来自某某省，那又不一样。

第三，物缘。物缘就是因为某种共同的爱好建立起来的关系，如我们都喜欢收藏字画、玉器，都喜欢集邮，就是因为这些物品，我们建立起共同的爱好，这种也是非常重要的一种缘分，可以迅速地建立信任感，同时很有档次和品位。

第四，业缘。业缘就是因为共同的事业建立起来的关系。比如我们都是做餐饮的、做娱乐的、做房地产的、做证券的，这就是因为共同的事业而建立起来的缘分。

在现代科技高度发达的情况下，如果能够借助于网络交友的力量，再加上上述四种缘分，我们的人脉关系在较短的时间内会取得突破性的进展，我们会广结人脉，建立广阔而稳定的关系。

欲成大事者，必是自律人

在日常工作和学习当中，要想知道一个人今后的发展如何，其实看一看他自控力如何就知道了，如果自控力强，这个人一定能够干出一番事业，离成功不远了。自控力的作用及其所带来的效果是不可估量的，不断地提升我们的自我控制能力，不断地排除杂念和贪欲，提升定力，就能够专心致志地朝着自己既定的方向前进，早日达成既定的目标。

“真”朋友就这么简单

每个人都想拥有很多朋友，俗话说“在家靠父母，出门靠朋友”“多个朋友多条路”。朋友是天，朋友是地，有了朋友顶天立地，因此朋友是重要的。我自认为有几千个好友，有几万个“粉丝”，但是真正在关键时候，一个电话就能赶来帮忙的，能有几人？好像我找不出来。其实在生活中，我们真的要用心、用情去经营友情，鲁迅先生曾说：人生得一知己足矣。可见有一个真正的朋友并不容易，但是我相信只要用心、用情，真情实意地对待身边的每个人，我们身边打一个电话就能赶来帮忙的朋友会越来越多。

你的定位，决定你的价值

很多人一起进入同一家公司，他们能力也差不多，但几年后却有了天壤之别，有的人进入了公司的核心管理层，有的人还停留在基层，有的甚至被淘汰了。在职场中，不同类型的人有不同的自我定位和相应的价值。在一个团队中往往有以下五类人。

第一类是破坏分子，整天牢骚满腹，无事生非、拉帮结派、经常挑起事端。

第二类是人员，就只领工资，不爱做事，不愿意干与自己无关的工作。

第三类是人手，就是安排什么做什么，不安排时间就等着下命令的人。

第四类是人才，就是每天发自内心做事，有责任心、有思路、有条理，知道公司的事情做好了，受益的是自己，同时是真心真意为公司操心的人。

第五类是人物，就是全身心投入，100% 投入，站在公司高度去思考去做事，决心要和公司同呼吸共命运，一起干出一番事业的人。

这五类人在公司的价值是不一样的。其实不管在哪个公司我们都不能先惦记着享受或是赚钱，而要先学会让自己变得值钱。不断学习，把自己的财智提高，赚钱是必然的事。学得越少，价值越低，只要多付出，你就会发现最终受益的是你自己。赚不到钱，那就赚知识；赚不到知识，那就赚经历；赚不到经历，那就赚阅历。以上都赚到了就不可能赚不到钱。

所以有价值才能升值，只有先改变自己的工作态度，才能改变自己人生的高度。我们每个人的定位，将带来不同的价值。我们不仅要做一个能赚钱的人，更要做一个有价值的人，只有这样才能立于不败之地。

员工怕你，就算好领导吗

一位学员问我："老师，我想成为一个好领导，是不是应该让员工怕我？"这也是很多的企业家、老板、管理者感兴趣的问题，我没有直接回答他，而是引用了老子在《道德经》里的一段话，做了一个描述。老子说："太上，不知有之；其次，亲而誉之；其次，畏之；其次，侮之。"

这段话翻译成白话文的意思是：最好的统治者，人民并不知道他的存在；其次的统治者，人民亲近并称赞他；再次的统治者，人民畏惧他；更次的统治者，人民轻蔑他。

老子早在两千多年前就已经对领导的层次做了划分。如果员工怕你，你属于第几流的领导啊？他嘿嘿一笑说："哎呀，原来让员工怕自己，充其量是一个三流的领导啊。"我说："非常正确，其实在形容领导时，我们常用平易近人或是和蔼可亲，很少用威风八面，盛气凌人，谁愿意和这样的领导在一起呢？"

无论是在哪一个公司、哪一个平台、哪一个岗位上，当我们成为一个管理者或领导者的时候，我们要不断地修炼自己，使自己变得成熟，成为员工心目中的好领导。成为一流的领导很难，但至少要成为第二类领导，这是没有多大问题的。这样每天员工都会过得开开心心，工作蒸蒸日上。

没兵，司令又能如何

“光杆司令”是形容名头很大，地位很高，但身边却没有团队的人。有很多企业家经营了五年、十年、二十年的企业，身边没有四梁八柱和左膀右臂，很孤单。问他原因，他说：“带团队太累了，人多不好管理。”往往这类老板们事业成就是很有限的。

个人单打独斗的时代已经过去，要想取得更大的成绩，我们必须抱团发展，团队作战才可以取得更大的成就，踏上更高的平台。否则的话，就算领导者有实力，但没有兵，凭什么呼风唤雨？一木为木，双木成林，三木为森，只有连成一片的茂密的森林才可以抵挡强烈的沙尘暴。一人为人，两人为从，三人为众，只有众人的智慧才可以克服一个又一个的困难。

一双筷子轻易就能被折断，十双筷子牢牢抱成团后难以折断，这就是团队的力量。

一个人力量再强，也强不过一个集体。我们不仅要有一个强大的集体，更要有一个上下一心的文化。人心齐，泰山移，兄弟同心，其利断金，要有这样一个上下一心、无坚不摧的团队，再大的困难都可以一点一点地克服。也许你现在的队伍很小，甚至你还没有团队，但是你要深深地知道，一个人可以走得很快，但只有一群人才可以走得更远。要想做更大的事业，必须要拥有强大的团队。在人生的道路上，组建志同道合的强大的团队，才能够走得更快，更远。

美好人生，上不封顶

一位学生问我：“老师，你认为努力就能成功吗？”我说：“为何这么问呢？”他说：“我以前相信，但我现在不信了。我在一家酒店里做了三年的厨师，一直很努力，很拼搏，也很优秀。厨师长辞职后，我以为我会当厨师长，但昨天总经理任命了一个才来了两个月的人做厨师长，后来我才知道他是总经理的亲戚。总经理说我没有学历，不会管理，我真的很受打击，感觉真是没前途，没出路，努力又有什么用呢？人家随便一个理由，一个借口就把我打发了。”我说：“我很理解和同情你，但是我不认同你的观点，其实并不是没有出路，只是我们可能要付出比别人更多的辛苦，才能找到那条路。你从山底起步，他从山腰出发，可能你今天拼不过他，但是你继续努力，十年八年以后呢，局面就会有所不同。你现在努力修炼厨艺，每道菜比别人做得好吃一点，每天进步一点点，每天成长一点点，每天比别人优秀一点点，你未来的前途就光明一点，努力了不一定成功，但是不努力，永远都成功不了。努力的好处是什么？就是拓展人生的上限，让你的未来有更大的上升空间、有更多更好的可能性。有的人，16 岁就达到了人生的顶峰，而有的人 60 岁还在有条不紊地进步和成长，所以不要轻视自己。”《增广贤文》里有一首诗：“未曾清贫难成人，不经打击老天真。自古英雄出炼狱，从来富贵入凡尘。醉生梦死谁成器，拓马长枪定乾坤。挥军千里山河在，立名扬威传后人。”

起点低不要紧，清贫也不要紧，暂时落后一点更不要紧，关键不要泯灭心中的那个梦想，不要停止努力前进的步伐，这才是最重要的。

“价廉”，就别期望“物美”

前几天在网上看了一条关于手机视频放大器的广告，把它放在手机的前面，就可以把视频放大很多，相当于在平板电脑上浏览。我一看很符合我的需求，价格是 39 元。我想区区 39 元就可以满足我的视觉享受需求，真是太超值了，于是不假思索就下了单。几天后快递送了过来，我打开一看傻眼了，因为一看就是劣质产品，制作工艺极其粗糙。打开试了下，顿觉头晕目眩，根本就没法用，上当受骗了。

在生活当中，每个人都期望能够买到价物美价廉的东西，但这只是一个期望，在某种特定的场合下也许可以，但在正常的消费行为当中，是很难成立的。仔细想一想，如果你很在乎它的质量，那么你一定要尊重它的价格，如果你想要的是便宜，那你一定要接受与价格匹配的品质。物美价廉只是一种营销手段。从古到今，都是一分钱一分货，胡萝卜的价格永远也买不到人参的品质，这才是亘古不变。

当想清楚了这一点，明白了这种商业规律的时候，我们无论是作为一个消费者，还是作为一个营销人员，都能够更有底气。出一流的价钱，才有可能买到一流的产品，这是市场的规律。所以，坚持这样的消费观就不会像我这样上当受骗。如果我们有这样的一种经验，以后就会免受更大的损失。

这五种品质，才最动人心

一位同事问我："孙老师，你觉得一个人具备哪些品质才会受欢迎，赢得良好的人脉关系呢？"这让我想起了很多年前做的一个市场调查，目的就是想了解一下在客户心目当中营销员具备哪些品质才更受欢迎。当时列举了18项，受调查者可以选择其中5项。想象中，受调查者多会选择学历、相貌、口才，当结论出来以后我们大吃一惊，和想象有很大的不同。

排在第一位的是正直。正直的人到哪里都受欢迎，因为没有一个人愿意和表里不一，爱搞阴谋诡计的人在一起。正直的人永远是受欢迎的人。

排在第二位的是专业。专业代表一种能力，更代表了一种素质，专业的人更容易赢得别人的信任。

排在第三位的是忠诚。一个人要忠诚于你的公司，忠诚于你的领导，忠诚于你的产品，不能身在曹营心在汉，更不能脚踩两只船，拿着这个公司的钱卖其他公司的产品，这不仅为客户所不齿，终将被公司淘汰。

排在第四位的是一贯。一个人要保持一贯的工作作风，一贯的性格特点，一贯的为人处世的态度，不能忽冷忽热，否则别人没有办法和你相处。

排在第五位的是开放。当今是开放的世界，开放的社会，所以开放的胸怀是必不可少的。心门紧闭，风都透不进来，谁还愿意和你交往？把自己封闭起来的人，最后往往被社会淘汰。薛宝钗和林黛玉这两个人，你愿意选择哪一个作为合作伙伴，哪一个作为营销、经营者、管理干部呢？我想大家会选择薛宝钗，因为她性格开朗。

以上五种品质能快速打动人心。如果能够同时具备的话，不管在哪个岗位，扮演什么角色，都会迅速成为受欢迎的人，拥有良好的人脉关系，到处都有鲜花和掌声。

"新手"变"专家"的三种方法

在与客户打交道的过程当中，能明显地感受到，客户更愿意和专业人士或者说是专家来合作。如果对方感觉你是一个新手，双方最终是很难"牵手"的。但我想说的是，不见得只有专家才能"牵手"，即使是一个新手，如果能够给客户留下专业的印象、专家的感觉，我相信同样可以"牵手"，可以成交。

如何在较短的时间内给客户留下相对专业的感觉呢?

第一，迅速掌握最前沿的资讯和最先进的技术。在一个行业当中总有一些领先的市场，总有一些领先的技术，在与客户接触之前，我们可以通过各种途径了解并学习相关资讯，做到烂熟于心，这样与客户交流时可以先声夺人，给人专业的感觉。

第二，注意各种语言的比例成分。在客户交流的过程当中，70% 的语言是要让客户完全听得懂的，如果听不懂，他就不愿意和你交流了；但一定是有 20% 左右的语言，是客户似懂非懂的，给他一种雾里看花、水中望月的感觉，这样他会感觉到你确实懂的比他多；还要有 10% 左右的语言是他完全听不懂的，这样才能够树立起专业的感觉。这 10% 的语言通常是行业内的一些专业的名词，这个只要能下点功夫就可以掌握。这样的语言比例会让客户感觉你很专业，讲解又很细致，否则他就会觉得，你的水平不过如此。

第三，少说话。尤其是在人多的时候，如果是一个新人或掌握的东西不多，是这个行业的门外汉的话，要少说多听。

以上三种让一个"新手"变成一个"专家"的方法，在营销中十分实用。

以霹雳手段，行正确之事

经常有很多的家长问我：“关于孩子的教育方式，有人说要春风化雨，有人说要严加管教，究竟哪一种方式更好呢？”也有很多企业家朋友在对待企业的员工及团队管理上似乎也存在着类似的困惑。其实这个世界是多元的、变化的，爱的表达方式也注定是多元的、变化的。春风化雨、润物细无声，那是理想的一种方式，可是生活当中有很多的爱，必须要通过严厉的，甚至说是雷霆万钧的霹雳手段，才可以真正地表达出来，否则就可能造成不好的局面。中国历史上就有诸葛亮挥泪斩马谡的案例。在团队当中，如果领导、上级采用了比较严厉的手段来管理我们，不要指责，不要抱怨，也许领导正在以严厉的手段表达他心中的爱。

别忘了感恩你的对手

中华民族自古以来就是懂得感恩的民族，我们的先人早就教导我们“滴水之恩，当涌泉相报”。人生要懂得感恩——父母恩、师生恩、众生恩和国土恩。父母给了我们生命，给了我们身体；老师给了我们知识，给了我们技能；众生给了我们这样一个大千世界；国土养育了我们，使我们健康成长。这都是我们应该发自内心去感恩的，这并不难理解。

但还有一种更高层次的感恩，那就是感恩我们的对手。如果身边没有对手，我们能够如此强大吗？很多时候人们奋斗、拼搏不就是为了超越对手、打败对手，不就是为了让对手能够对我们刮目相看吗？试想一下，如果没有了竞争对手，我们的团队、集体、企业，将会走向何方？孟子在他的文章当中说过“入则无法家拂士，出则无敌国外患者，国恒亡”。意思就是说，一个国家，如果国内没有敢于坚守法度的大臣和足以辅佐君王的贤士，在国家的周边，如果没有敌对国家祸患的威胁，国家很快会走向灭亡。

古人在千年前就已经明白了这个道理。所以从某种意义上来讲，我们更应该感谢我们的对手，因为他们让我们不断变强。那些曾经打击过我们的人，他们磨炼了我们的心智，提高了我们的心理承受能力；那些绊倒我们的人，他们强健了我们的体魄。我们的对手让我们时刻处在危机当中。“生于忧患而死于安乐”，所以，人生当中的感恩是多个层次的，我认为感恩对手，才是更高层次的感悟。

别轻易给人下结论

以为是枯枝，却在春天开出了绚丽的花朵；看似杂草的植物，却在夏天成了亮丽的风景。在职场，我们所在的团队，所在的企业，不就是一个大花园吗？我们每个人其实都是里面的一草一木，珍贵的树木，是不可能一年到头都能开花结果的，只有经过一年甚至长期观察才能认得出来。认识花草树木尚且需要一年，认识一个人，了解一个人，真正去判断一个人需要更长的时间。所谓路遥知马力，日久见人心，同样也是这个道理。没有一定的时间，不通过具体的事情，我们就得出一个结论性的判断，这肯定是不理智的。在平常的工作和学习当中，我们不能对一个人轻易地做出判断，我坚信在短暂的时间、短暂的相处下不可能真正了解一个人。我们只有用真情、真意，用更长的时间才能真正地去了解一个人，判断一个人，否则的话，我们就有可能因为一个错误的结论，而失去一个好帮手，一个好朋友，一个好同事，一个好的事业伙伴。

短暂的伤害，永恒的伤口

生活当中经常有的人动不动就发脾气，用语言去伤害别人，虽然后来也很后悔，赔礼道歉后取得了别人的原谅，但是所造成的伤害可能永远无法愈合。

在生活中，我们在不开心的时候总喜欢对身边最亲最近的人发脾气，他们会包容你、原谅你。但是往往发脾气时说的话，就像钉子一样伤人。也许你是无心的，爱你的家人、朋友都会原谅你，但是这种伤痛就像拔了钉子以后留下的洞一样，永远无法愈合。我们的亲人，我们的朋友，一切爱我们的人对我们的爱，对我们的包容，我们永远要珍惜，不要用自己的坏脾气、伤人的话对别人造成永久的伤害，因为冲动伤害是短暂的，但是伤口是永恒的。

慢了，会要“命”的

在大自然生存法则面前，我们经常会听到一个词叫“弱肉强食”。其实最后决定成败与生死的往往不一定是强弱或是大小，而是速度。

在今天这样一个激烈竞争的社会当中，速度往往是决定一个人或一个组织成功的关键因素之一。进步的速度更快一点，转型的速度更快一点，突破的速度更快一点，成功的速度一定比别人更快。

奥运赛场上，比别人快 0.1 秒或 0.01 秒，就有可能成为冠军。快与慢，是决定成败的一个分水岭，大鱼吃小鱼、弱肉强食的时代慢慢地就会过去，在这样一个信息发达的社会当中，要考虑的是如何快速走到别人的前面，只要比别人快一步或半步，你就是领先者，你就是开创者，而别人就是追逐者。否则的话，我们的职业寿命、企业的寿命就会因为慢半拍而缩短。

不要做“自信”而“可悲”的人

做人、做事自信一点，是非常必要的，但自信过了头就是自负，有可能会带来可悲的人生。

生活当中，我们经常会看到一些人，不考虑自己的能耐有多大，本领有多强，一味地因为嫉妒或冲动而与别人比个高低。但其结果往往是非常悲惨的，有的可能会导致一生碌碌无为，有的可能会导致失败的结局。

人生需要自信和拼搏，但是一定要从实际出发，量力而行。如果事情超出了自己的能力，不可为而非要为之，往往结果是令人遗憾的。我们在未来的工作、生活和学习当中，一定要正确地认识自己。人贵有自知之明，当一个人真正地认识了自我，就能够从实际出发，脚踏实地。不管处于哪一个位置上，我们只要能够从实际出发，根据自己的真实的状况，制订切实可行的行动计划，一步一个脚印地往前走，就能创造幸福和灿烂的人生，否则就可能会成为一个“自信”却“可悲”的人。

人生要如“水蒸气”

我们经常用“上善若水”“做人如水”来形容一个人做人、做事达到了一个很高的境界。其实我们可以在此基础上更深入地思考下去，水除了具有流动性以外，还具有两种状态，0℃以下它就变成了冰，晶莹剔透，但是不能流动，100℃以上它就变成了蒸气，虽然看不见了，但是可以升入空中，可以到达它想去的地方。

人生也有三种状态，水的状态是由温度决定的，而人生的状态是由我们心灵温度决定的。

假如一个人对生活和人生的热度是0℃以下，那么这个人的生活状态就像是一块冰，是不流动的，所处空间也不过就是他双脚站的地方那么大；假如一个人对生活和人生抱着一个平常的心态，那他就像一杯常温下的水，他能够奔流入河、入江、入海，但他却永远离不开大地；但假如一个人对生活和人生的热度是100℃以上，那他就能够成为水蒸气，能够飞起来，可以化为云彩，不仅能够拥有大地，还能拥有天空，他的世界和宇宙一样宽阔。水可以靠火加热达到100℃的，那人心里的温度是靠什么达到100℃呢？是要靠积极正面的思考、乐观向上的心态、踏实勤奋的工作作风，以及对这个世界永远的好奇心、求知欲，只有靠这些无穷的正能量一点一滴积累起来，人生的温度才能够突破100℃，人才能够化为“水蒸气”，才能够真正地拥有“水蒸气”般的人生，那样的视野和收获是不一样的，人生的精彩程度也是不一样的。突破人生的100℃，让我们拥有“水蒸气”般绚丽灿烂的人生。

知足常乐，不必贪求

人容易被无穷无尽的欲念占据自己的心灵，而失去了很多生活的乐趣，其实够用就好，不必贪求，这也是一种不错的人生态度。

自助餐厅里，一些人肆无忌惮地吞食着各种美味，似乎不撑个肚大腰圆，就对不起这份所谓的自助餐，一不小心就吃坏了身体。什么原因导致这种现象？答案是一个“贪”字。

我们拼搏奋斗、自强不息，这种生活状态下我们的生活才会越来越好，我们的事业才会做得越来越大，社会才能不断地前进。但是一味地保持这种状态，也不是我们所希望的，它会让我们失去很多生活的乐趣。我们的心灵也需要修整一下、放松一下。如果能够认识到够用就好，不必贪求、活在当下、知足常乐这样的一种人生的态度，不也是一种难得的境界吗？这也是重要的人生修炼，在拼搏奋斗、自强不息的同时，拥有一份知足常乐、不必贪求的人生状态，我相信这是一种境界，这是一份修炼，同样会给我们带来更多的乐趣，让我们的人生富有诗情画意。

有“因”才有“果”，岂能颠倒

生活当中处处都存在着因果关系，因为劳动，所以有了报酬；因为学习，所以掌握了知识；因为锻炼，所以有了好的身体。

一些看似简单的因果关系，人们却颠倒了，从而留下了很多人生的遗憾。让他去做慈善，他说等功成名就了就一定去做；让他去学习，他说等有钱了一定去学。

这些想法违背了事物之间的逻辑关系，不是功成名就了才去做慈善，而是有了慈悲的情怀，不断做慈善才能功成名就；不是因为有钱了才要去学习，而是因为不断学习不断成长，有了知识、技能、本领才能够不断地创造更多的财富。很多时候人们颠倒了这些因果关系。是因为有了前面的因，所以才会有后面的果，这是不能颠倒的，否则我们就会本末倒置，导致人生有很多的遗憾，没有春耕夏长哪里会有秋收冬藏，这些看似简单的因果关系，我们必须要搞清楚。

要懂得因果关系对我们的人生十分重要。不是因为有了希望才坚持，而是因为坚持了才有希望；不是因为有了机会才争取，而是因为争取了才有机会；不是因为熟练了才去做，而是因为做了才会熟练；不是因为有了领导力才懂得配合，而是因为懂得了配合才有领导力；不是因为有了收获才去感恩，而是因为懂得了感恩才会有收获。这些因果关系，对我们的学习和工作都有很大的帮助，掌握了这些道理，我们的人生一定会与众不同，更加精彩。

北大毕业等于0

有人认为学习不重要，知识也不重要，甚至还有人问我：“孙老师，一本书叫《北大毕业等于0》，你听说过吗？”我说：“我不仅听说过，我还认真地看过，这是北大毕业生王文良先生在2003年出版的一本书。但是王先生并不是否定了北大一流的教育，而是以他的亲身经历告诉所有人，如果你没有从零学习的心态，没有踏踏实实的工作作风，没有与时俱进、持续不断的学习能力和习惯，就算从北大毕业，也等于0，这才是王先生的本意，而不是像有些人理解的，知识没用、学习没用、学历没用。”一个人问我：“孙老师，从小到大我们读了那么多的书？都不记得了，读书还有用吗？”我说：“我们从小到大吃了那么多的食物我们还记得多少，但是它们早已变成了我们骨骼、肌肉的一部分。如果没有知识，我们长不大，它们早已流淌在我们的血液中，深入到我们的骨髓，只要有一个按钮它就会喷涌而出，怎么能说没有用呢？再说了我们可以看一看身边读书的人和没读书的人，学习的人和不学习的人差别在哪里。或许三天、五天、三个月、五个月，看不出太大的差别，但是十年、二十年后这两类人会有天壤之别，这就是普遍的规律。我们不能用个案来否定这个普遍的规律。”

再好的手机也要充电，再好的电脑也要升级，再好的车也要加油，我们只有不断地学习，不断地更新自己的观点，与时俱进，才不会被这个社会淘汰。学历不代表能力，文凭不代表水平，只有持续不断学习才能代表我们的未来，王文良先生的《北大毕业等于0》告诉我们的恰恰是学习的重要性、知识的重要性，让我们不断地学习，做一个与时俱进的生活强者，也是社会的强者。

那么努力，有必要吗

近期的工作特别忙碌，有很多朋友给我打电话、发微信，我都没能在第一时间回复，有好几位朋友都半开玩笑地说：“你都已经功成名就了，为什么还那么拼，有必要吗？你们这些人啊，就是太贪心了。”我嘿嘿一笑说：“我们这算什么成功啊，我们只不过算是解决了温饱问题，比我们成功一百倍、一千倍，甚至一万倍的人都在拼命努力，你知道吗？”后来我给他们发了万达集团官微公布的王健林先生 11 月 30 日的行程单，从这个行程单中可以看到王健林先生早晨四点起床，先是健身 45 分钟，之后才吃早餐，生活也是健康得很。王健林从雅加达飞到海口，参加签约仪式等，结束后又从海口飞北京，直至晚上七点才结束外出行程到达办公室。他的行程非常紧密，可以说用分秒来计算，紧凑而忙碌，当然也非常辛苦，王健林先生毕竟也是年逾六旬。

这个世界上最可怕的事情就是比你有钱的人比你还努力，不是说我们有没有必要努力，而是我们必须要努力，无论是纵观历史还是横观当代，不努力能行吗？

如果今天你还在抱怨，而不去学习，不去拼搏，那机会肯定就会被别人抢走了，你不做别人肯定会做。你不学习成长没有人会等你，最后的结果只有被淘汰，努力是一个持续不断的过程。奋斗不息，让努力成为我们的一种习惯，否则的话我们随时可能被这个社会所淘汰。

控制住情绪，才能战胜“魔鬼”

生活当中我们常常因为冲动而说错话，或是做错事，甚至是做出了错误的决定。

我们很多的时候在冲动之下做出的决定都是错误的，生活当中我们因为冲动，可能会失去亲情，婚姻当中的冲动可能会导致婚姻的破裂，企业经营中领导或管理者冲动的决定可能会导致企业走向灭亡。千万不要在冲动的时候去做决定，遇到问题要保持头脑冷静，进行全面分析。如果冲动就能解决问题，那人类不就跟野兽一样。冲动是魔鬼，我们一定要控制好自己的情绪，才能够控制住这个魔鬼，这样我们的人生能够少很多的遗憾。

要想公道，打个颠倒

生活工作当中，同事之间、朋友之间可能会发生一些矛盾，发生一些不愉快的事，其实都是非常微小的事，根本就不值得拿到台面上。就是因为少一份理解，少一份包容，少一份换位思考，才导致了很小的矛盾，如果不加以反思，慢慢地积怨加深，最后可能导致事情不可收拾。俗话说：“要想公道，打个颠倒。”当我们能够换位思考，站在对方的立场上思考问题的时候，或许矛盾和误解就会迎刃而解，我们的生活当中就多了一份宽容，多了一份体贴，多了一份理解，也会多一份快乐，多一份幸福。

三种人、三种力，助你成就大事业

我们常说读万卷书，行万里路，阅人无数，名师指路。可见在通往成功的道路上不是一帆风顺的，它需要借助外力。有三种人、三种力可以帮助我们在成功的路上走得更快一点，事业的成就更大一些。

这三种人分别是高人、贵人和家人。

第一，高人。每一个成功的人，都会经过一个或几个高人的点拨，听君一席话，胜读十年书说的就是这个道理。

第二，贵人。在成功的路上难免会出现一些拐点或处于低谷时期，如果有贵人相助，就更容易走出困境。

第三，家人。做任何事情，如果没有家人的支持是很难成功的，就像我们常说一个成功的男人背后一定有一个伟大的贤内助。

这三种力是：

第一，敢于决断的能力。成功的人做事不会优柔寡断，瞻前顾后，他们有六七成的把握，就敢于大胆出手，这样就更容易把握先机，而不是等到有100%把握才去做，那个时候可能没有机会了。

第二，扬长避短的能力。每个人都有长处和短处，我们做任何事情，都要尽可能地发挥自己的长处，在擅长的领域内快速地成为专家，成为佼佼者，这样成功的速度会更快一些。

第三，立即行动的能力。说百遍千遍不如做一遍，不要做语言上的巨人，行动上的侏儒。睡在床上千条妙计，醒来还是老主意，这就是很多人一生碌碌无为的原因。

还有很多因素和条件可以促使我们成功，但以上三种人和三种力使我们在成功的路上前进速度更快一些，成就更大一些。

不怕不懂，就怕原地不动

很多人，固守着原来的知识和经验，守着原来那一张可能发黄了的学历，殊不知现在是一个知识爆炸、信息爆炸的时代，如果不能够及时地跟上时代，我们随时都有被时代淘汰的可能。

要不断地走出我们自己的生活圈，不画地为牢、故步自封，只有走到外面的世界，接触到外面的、资讯，我们才能随时把握时代的脉搏。不怕不懂，就怕原地不动，就怕你压根不知道这个时代每天在发生怎样的变化。会当凌绝顶，一览众山小。眼光抬高一点，我们就可以看远一点，不断地走出自己的舒适圈，视野才能更开阔。

外面的世界会“修理”你的

一名高中生因为经常性迟到被老师批评和老师吵了起来，最后甚至差点和老师打起来，嘴里还叫嚣：“我就是一个学生，你能把我怎么样？”老师不能把你怎么样，但外面的世界会“修理”你的。

我曾经参加过一次饭局，朋友的孩子爬上餐桌，把好吃的往自己嘴里塞，客人们根本没有办法动筷子。我问那个朋友：“你不管管你的孩子吗？”他说：“现代教育要解放天性，不能拿老一套来束缚孩子。”这难道就是我们所讲的解放天性、尊重天性吗？这难道就是我们要提倡的家风吗？这样的教育，真的能让他幸福吗？如果一个孩子，没有被自己的父母管教，那到社会上他可能会付出更加惨重的代价。好的家风，能够提升一个人的修养，是值得一代一代地传承下去的。好的家风，能保持家庭和睦，保证家业兴旺，家和万事兴就是这个道理。有了这家风、家教，我们就能够在这个迅速变化的时代找到内心不变的温暖，找到属于自己的人生的价值，只有这样我们的生活才会更有保障、更有乐趣、更有色彩。否则的话，当我们走出了这个温室，走到外面的世界的时候，迟早会被外面的世界“修理”，而且会被“修理”得很惨。

“感恩”苦难

苦难可以时刻提醒我们差距在哪里，提醒我们当下该怎么做，未来该怎么做，使我们更好地理解，为什么要实现中华民族的伟大复兴，为什么要实现伟大的中国梦。清代著名的思想家魏源曾在100多年前提出过一个观点——师夷长技以制夷，就是说我们要学习别国的先进经验、先进技术，然后强大自己，最后战胜别国。面对先进的东西，我们应该去接纳它、模仿它、超越它，这才是正道。

不断精进，不断严格要求自己，用当今世界先进的技术和经验来武装自己，这样我们就会不断强大起来，企业也会不断壮大，我们的国家，也会更加强大。苦难不断地提醒我们，要时刻保持清醒的头脑，保持高昂的热情，要不断进取，奋发图强，早日建成一个更加昌盛的国家。这是对所有经历最好的纪念方式，也才是最实际的爱国行动。

所以，我们要“感恩”苦难。

大爱"90后"，人间正能量

河北张家口一辆轿车和拉煤的半挂车相撞，轿车瞬间燃起，熊熊火焰，车上人员生死未卜。在危急时刻，三名"90后"小伙毫不犹豫地冲向了事故车辆，两度钻入燃烧的车中救人，终于把司机和一名女子成功救出，10秒后油箱爆炸。这则报道可谓惊心动魄，看后我有一种莫名的自豪和欣慰。因为有这样一群见义勇为的人在我们的身边，他们像一股清新的空气吹散我们的偏见，像一缕温暖的阳光温暖着大家。

曾几何时社会对于"90后"这群年轻人有一种特殊的偏见，认为他们浮躁、自负、放荡不羁、不好管束、没有责任感。但是我们真正靠近过他们，了解过他们吗？其实，他们是有着丰富知识的一代，有着开阔视野的一代，有着敏锐洞察力的一代，他们同样有着强烈的正义感和使命感。在特殊的环境下，这些特质就会表现出来。

在奥运会、大阅兵等重大事件当中，他们所表现出来的高素质已经证明了这一点，尤其是上面这三名"90后"的大爱表现，让大家刮目相看。"90后"是中华民族的希望，是华夏的未来。我相信有这样一代人，中国梦以及中华民族的伟大复兴一定可以实现。

态度很重要

人生成功的要素有很多，工作的态度是极其重要的。不及格、及格、良好、优秀、卓越等，这些结果往往都是受你对待这件事的态度所影响，有什么样的态度就会有什么样的结果。我们一定要以最高标准来要求自己，才能变得优秀，才能超越绝大多数人，成为顶尖的高手。这样我们人生的机遇才会更多，我们才更可能赢得成功。

你“以为”就是你“以为”吗

我的一位朋友让他的员工去办事，结果事办砸了，他给我打电话说：“我以为这么简单的事情就不需要我插手了，结果办成了这样。”我说：“你以为就是你以为吗？你总在用主观的标准衡量周边的人，那往往是错的，办砸了很正常。”

我经常说：“再好的事情也不见得所有人都去做，再不好的事情也不见得没有人去做。”

淘宝创立这么多年来已经成了很多人主要的购物平台，但是不难发现，身边还有一些人根本不愿意网上购物。他们认为那不安全，于是宁愿跑很远，费很大的事，到超市里自由购物。很多的商场依然人头攒动，熙熙攘攘。

把钱存入银行是安全的，这是常识。但也有一小部分人，他连银行也不相信，宁愿把自己的钱装到罐子里包起来，然后埋到地下，结果钱发霉了、破损了，造成很大的损失。

所以，很多我们以为简单的道理别人未必会认可。每个人都有自己的想法，正是因为这样，才有大千世界，才有芸芸众生，才有丰富多彩的生活。在尊重自己的同时，尽可能地去尊重他人的想法，这样我们会赢得越来越好的人脉关系，我们的事业之路也会越来越宽阔。所以，千万不要用自己的想法和观点去抱怨和指责别人。

永远珍惜你的平台和载体

在世界500强工作的一位朋友想辞职单干，打电话征求我的意见。我说：“我从来不反对辞职，不反对单干，关键是你有没有足够的能力、信心和勇气来打造一个更广阔、更扎实的舞台。如果没有，你可能因此失去一个成长的机会和成功的空间。每个人都想建立自己的商业帝国，建立自己的事业舞台，这可以理解，但谈何容易？这需要一个团队共同努力才能做到。请问你的左膀右臂、四梁八柱在哪里呢？假如你还不具备的话，何不借助别人的舞台来实现自己的人生梦想和价值呢？”

两脚使劲走，一个小时10千米；开汽车，轻踏油门，一个小时100千米；乘坐高铁，一个小时300千米；乘坐飞机，吃着美食、喝着饮料，一个小时1000千米左右。人还是那个人，因为所在的平台或载体不一样，取得的成绩就不一样。

平台和载体，对我们的人生有很大的作用。当我们有足够的能量来建立更大的平台时，可以去尝试一下，但如果还没有，就请珍惜当下的平台和载体，也许它短时间内还不能给我们足够的薪资，但是能够给我们提供强有力的支持，提供更多的学习和成长的机会，也会给我们带来更大成功的可能性。

雾霾下的一种“精神”

2016 年，北京的雾霾比较严重，达到了红色预警，很多爱好晨练的人都没出去，但我的一位爱好太极拳的朋友，发了一张他戴着防毒面具，在雾霾天里坚持锻炼的照片给我。我大吃一惊，被这种敢于面对挑战和克服困难的精神和勇气深深地震撼了。他说：“这里就只有我一个人在锻炼，只要精神不滑坡，方法总比困难多，我非常开心、非常快乐。”

无论是在生活、学习还是工作中，我们常会遇到很多的困难，但是面对困难的不同态度决定了我们不同的人生。面对困难，只要我们全力以赴，一定会找到很多好的解决方法。

西汉匡衡家里没有钱买不起蜡烛，就把墙砸破，邻居家的光照进来，他借光苦读数载。

西晋的孙康因为家里穷，读不起书，都是借别人的书来读。有一年冬天下大雪，月光皎洁，他发现在雪地里借着月光依然可以读书。于是每当下雪的时候，他不畏严寒，在雪地里认真苦读，最后成了御史大夫。

其实这些故事都说明了一个道理，面对困难时的态度非常重要。任何一种困难总有解决的方法，就像再坚固的锁也会有一把对应的钥匙，所以我们在面对生活中、学习中、工作中的困难时，不要灰心，只要全力以赴地面对它，我们总会找到克服的方法。

别人对你的态度都是你教的

在生活当中，我经常听到朋友抱怨命运的不公："为什么我这么倒霉呢？为什么他这么幸运？为什么好事都轮到他，而坏事都降临到我的头上？"其实很多的时候我们应该扪心自问一下：我们曾经说过什么，我们曾经做过什么，才会有今天所谓的"命运"呢？

我记得另一位朋友跟我说过："今天别人对你的一切态度都是你教给别人的。"这句话太有道理了，古人早就教导我们，善有善报，恶有恶报，不是不报，时候未到，时候一到，马上就报。这朴实无华的语言表达的就是要想赢得别人的尊重，我们必须先尊重别人；我们想在困难的时候得到别人的帮助，必须在别人困难的时候，积极主动地去帮助别人，否则怎么可能会有一个满意的结果呢？

偶然的事、侥幸的事、巧合的事，可能都是必然的事。只有永远以一颗善良、感恩、大爱的心来对待身边的每一位朋友、每一件事情，世界才会充满温馨，充满色彩。

改天到底是哪天

一位朋友每次都对我说：“等你方便时我请你吃饭，咱哥俩好好聚一聚。”可每次当我确定时间的时候，他总会推脱自己那一天真的没时间，改天再聊，改天再请客。这都改了快十次了，一次也没有成行。

你被这句话忽悠过吗？或者你拿类似的话忽悠过别人吗？朋友一起吃饭，本来是件很开心的事情，但是不能随意承诺，当你不能做到的时候，就不要乱说，如果每次都改天，就会显得没有诚意。“改天请你吃饭”“改天再说”“改天我们好好聚一聚”“改天我一定去”，听惯了类似的话，我总结出了一个规律：改天再聊，也就是说可以就此打住了；改天再聚，也就意味着可以彼此转身，头也不回地走开了；改天再说，也就是说这件事情不用再讨论了，你可以另做打算。

有很多的事情都被安排在了改天，谁也说不清楚，谁也不知道改天到底是哪天。我经常开玩笑地说：“改天一定是人们最忙的一天，那天人们永远没有空。”朋友之间的相处其实更需要的是真诚，而少一些套路。

不要说改天，而是要说一个确定的时间，这样我们一定会结交更多更真诚的朋友，也会赢得更多的良师益友。

成熟的谷穗懂得低头

有一些人，在某些方面不是专家，可能只是懂了一点点甚至根本就不懂，却喜欢卖弄，喋喋不休。没有哪个人生来就是专家、就是学者，大家都是通过扎扎实实学习才取得今天的成就。做人要有谦虚谨慎的态度，越是成熟的谷穗越是懂得低头，越是有能力有本事的人越是懂得谦虚，懂得沉默，懂得聆听。要正确地认识自己，一点不懂不可怕，可怕的是不懂装懂，甚至去卖弄、去炫耀。

人只用几年就能学会说话，往往要用一辈子的时间来学会沉默，学会聆听。说是一种能力，不说是一种智慧，听得多、说得少、做得多会赢得更多人的主动帮助，主动指导。学会沉默，学会聆听，也是人生的一个至高的境界。

面对无法挽回的痛苦，迅速放弃

今天和两位朋友聊完天，心情显得略微有些沉重。一位朋友的女朋友十多年前因为某种原因而离开了他，如今人家早已结婚生子，而他依然忘不了这段感情，还是单身一人，很痛苦。另一位朋友的母亲由于他的疏忽没有及时获得抢救，过早地离开了人世，虽然事情已经过去了五六年，但每每提起，他依然无法原谅自己。

我们经常会遇到很多不愉快的事情，甚至是很痛心的事情，但是以什么样的态度来对待这些事情，直接影响了我们生活的质量和我们每天的心情。

人生不如意之事十有八九。古人云，“人有悲欢离合，月有阴晴圆缺，此事古难全。”但用什么样的生活态度来对待这些，却大有学问。我很欣赏一副对联：宠辱不惊，看庭前花开花落；去留无意，望天上云卷云舒。用如此淡然、平常的心态来看待人世间的一切荣辱得失，这才是一种境界。这种潇洒的生活态度，会让生活每天都充满了快乐。朝着太阳升起的地方走，阴影永远被甩到后面。保持快乐的心情和淡然的心境，用平常的心态来面对生活当中的一切荣辱，面对无法挽回的痛苦，迅速放弃，迎接我们的将是一段更加精彩、更加灿烂的人生。

到了"黄河"就该死心吗

人们经常用"不到黄河不死心，不撞南墙不回头"来形容一些人在追求事业的过程当中，不到万不得已、走投无路时，绝不轻言放弃。这句话颇有激励意义，做任何事情就应该有这样的决心和状态。

生活当中有这样一种现象，很多人对事业也很执着、很热情、很有决心，但是一旦遇到了"黄河"，一旦遇到了"南墙"，往往就轻易地放弃了。他们对自己说："没有办法，我已经尽力而为了，我已经全力以赴了，只能到此为止，我问心无愧。"

古今中外，出类拔萃的成功者，在面对"黄河"和"南墙"的时候，绝不会轻言放弃，而是会设法突破它。有人说自己学历不够、长相不行等，这些通通不是前进路上的障碍。我经常会开玩笑说："武则天证明成功和性别没关系，姜子牙证明成功和年龄没有关系，朱元璋证明成功和出身没有关系。"人生的成功靠的是一种信念，靠的是一种执着，靠的是对事业锲而不舍的努力，而不是面对着一个难题，轻易放弃对目标的追求。近期很流行王健林先生的一段话：过去讲不到黄河心不死，不撞南墙不回头，我不一样，我到了黄河心也不死，我可能搭一个桥就过去了，撞了南墙也不回头，我搭个梯子就爬过去了。正是由于这样，他才能够克服一个个障碍。在事业发展的过程当中要记住这句话：到了黄河也不死心，撞了南墙也不回头，要设法突破它。

二八定律，应该这样理解

二八定律，一开始指的是经济学里面的一个现象，说世界上 80% 的财富掌握在 20% 的人手里，20% 的人创造了这个世界 80% 的财富。其实二八定律在所有的领域都存在，也就是 80% 的成果都是由 20% 的行为创造，那么到底是哪 20% 的行为创造了这 80% 的成果呢？这就很少有人关注和研究了。这个世界是很残酷的，它的残酷性在于，人在达成目标前付出 80% 时间和努力，往往只能获得 20% 成果，而 80% 的成果，是在后面付出 20% 的时间和努力当中获得的，这才是这个定律当中最重要、最核心的部分。

很多人在追求目标的时候，由于久不能见到明显的成果，失去了信心，而放弃了对目标的追求，一个人天天打井，打了一辈子的井还是没有水喝，为什么？每当需要再坚持 20% 的时候他就放弃了，另选一处重新开始，其实再往下打几米就能打出水来，他却总是功亏一篑。

追求事业的过程当中，不要预期前 80% 的努力会有很大的收获，但只要不放弃，最后付出 20% 的努力一定会有长久及本质的进步，因为量变才能引起质变。为什么成功的人总是少数？因为能够坚持走完最后这 20% 道路的人，总是少数，唯有走完这 20% 道路的人，才有可能收获十倍乃至百倍的快乐。

成功路上的间接定律

成功路上必须懂得间接定律。在生活和工作当中，无论是物质方面还是精神方面，你要想有所成就，必须学会成就他人。

市场当中有些公司刚刚创立的时候，就是追求利益最大化，不管这些公司业务有多么火爆，往往都是昙花一现，可能一两年之内就消失了。这中间有很多的原因，其中赤裸裸追求利益最大化，是导致这个结果的很重要的原因之一。而那些致力于为客户、为社会提供优质服务和优质产品的公司，往往长盛不衰，越做越大，甚至超越了百年老店。

许多企业能够成功，与为客户、为社会提供优质服务和优质产品，一切为客户着想，有着巨大的关系，这就是所谓的先成就他人，自然就能成就自己，这就是间接定律在起作用。提高自我价值和提高他人价值有时候同时发生，也就是说当你在提高别人价值的时候，你的自我价值也在提高，正所谓成己为人、成人达己，追求成功的道路上，我们一定要懂得这个间接定律，这样成功的速度会更快，我们在成功的路上也会走得更久、更远。

成功沟通，必须打开“心门”

家长和孩子沟通不畅，孩子一气之下离家出走了，家长又着急、又气愤、又伤心，对着媒体哭诉，自认为把所有的爱都给了他，却不明白孩子为什么这样做。家长不觉得自己有什么错，还指责孩子：“不怕我们伤心、着急吗？”

确确实实，家长付出了无限的爱，换来了这样的结果，他们不能理解。

生活当中我们经常会看到一些纠纷，甚至一些严重的事件，就是因为一句话导致彼此之间沟通不畅。所以每个人都应该成为生活、工作当中的沟通高手，当出现分歧、不愉快的时候，试着去了解对方、理解对方。在未来的生活、工作当中我们应变成把钥匙，打开别人的“心门”，这样才能够真正成为一流的沟通高手，真正地实现完美、愉快的沟通。

树上的“柿子”你莫要摘

冬季万物凋零，树上的柿子便成了一些鸟类难得的盛宴，鸟儿来啄食的时候，会顺便清除树上的一些害虫。在收获的季节里，别忘了留一些“柿子”在树上。因为给别人留有余地，往往就是给自己留下了生机与希望。自然界如此，社会也是如此。人们都是相互依存的，一荣俱荣，一损俱损。给予是一种快乐，因为给予并不是完全失去，而是一种高尚的收获。给予是一种幸福，因为给予能使你的心灵变得更加美好。

多一些历练，多一些沉淀

人生犹如熬汤，火候不到难免就出不来那种味道，拔苗助长也只能带来最初的欣喜，小苗终究无法长成参天大树。所以多一些成熟，多一些历练，多一些大气，多一些沉淀，这对人生是有巨大好处的。人生当中如果有一个人能够让我们多一些历练、多一些沉淀，让我们变得更加成熟、更加老练，我想我们的事业会更大。这将是人生的幸运，这个人也是我们人生当中的贵人，是应该被感谢的人。

创新就这么简单

什么叫创新？其实创新就是对新思想、新角度、新变化采取一种开放欢迎的态度，而不是排斥、不是打击、不是冷嘲热讽。换一个新的角度去看问题就是一种创新，重新排列组合也是一种创新，有时一次简简单单的改变，就可以带来一个意想不到的创新成果。有人会说：“这也算创新吗？我也知道啊。”是的，创新就这么简单，关键在于你敢不敢想，敢不敢做。如果仅仅停留在想的层面，而不是去做，那么是无法前行的。有了思维的创新，就会一次又一次进行自我突破，从而迈向一个又一个新的阶段。有了这样的一种思维突破，有了这样一种思维创新，我们的科技才能发展，我们的社会才能进步。

别让“聚光灯效应”迷惑了自己

经常有一些做销售的朋友跟我抱怨客户明确拒绝了他。朋友觉得这让他以后很难做人，再见到客户时，不知道他会怎么看待自己。我说：“你太高估你自己了，人家早已把这件事都忘了，到现在你还耿耿于怀，再见面也许人家根本就不认识你了。”

我们往往都会有意无意地把自己遇到的问题放大，比如说在大街上摔了一跤，立刻面红耳赤，觉得在公共场合下有一种出丑、丢人的感觉。实际上每个人都很忙，也都很自我，就算当时有人注意到，也不会太上心，很快就会忘记。我们总以为别人会一直注意我们，在别人的世界里，我们其实并没有那么重要。

心理学当中有一种“聚光灯效应”，每个人都认为自己是聚光灯下的那个焦点，其实并不是。别人的赞美说明不了什么，别人指责我们，批评我们一下，也说明不了什么。当你还耿耿于怀时，可能别人早已忘记了。让我们不断地放大自己的格局，这样我们的生活每天才会阳光明媚。

可怕的 99.9% 的合格率

有的人以为，凡事不可太认真，含蓄一点，模糊一点，差不多就行了。水至清则无鱼，人至察则无徒。在我们的观念当中，产品的合格率或者纯净度能达到 99%，甚至 99.9% 的时候，我们都认为是非常不错，非常好的。但在某些领域，这样的合格率、这样的纯净度并不值得骄傲，而可能预示着某种可怕的结果。

我们说“已经尽力了、已经精益求精了”，为自己没有做到找理由，其实不是做不到，而是没有真正用心去做。有人说：“99.9% 已经是非常了不起的合格率，是非常了不起的成绩了。”可失之毫厘，差之千里。

在企业管理当中，往往会因为就差那么一点点，差那么一丝一毫，产生了无可估量甚至说是无法挽回的损失。当我们沉浸在 99.9% 这样的成绩的时候，我们不妨再努力一点，再认真一点，再付出一点，把 100% 作为努力方向，也作为工作的使命。这样我们就会不断地创造奇迹，我们的人生的价值也会得到越来越多的体现。所以，99.9% 的合格率不值得骄傲，因为这有可能会带来某种可怕的结果。让我们以此为警示，让我们的生活更完美，让我们的工作更精彩。

抱歉，都是我的错

古人常教导我们君子反求诸己，小人无错，君子常过。倘若我们都能够反观自身，看到自己要提升的地方，不仅可以大事化小小事化了，还会赢得别人对我们的尊重。“都是我的错”是一种自律，可以让我们不断地提升；也是一种胸怀，可以提醒我们，时刻为别人着想；还是一种美德，让我们的心靠得更近；更是一种难得的修为和境界，可以让我们始终拥有无比强大的人格魅力。

自相矛盾的话

一位年轻的创业者天天跟我谈产品的广告问题。有人说：“皇帝的女儿不愁嫁，不用花那个钱。”也有人说：“酒香也怕巷子深，你不宣传谁知道。”所以，他很焦急，因为两种观点听起来都很有道理，但又互相矛盾。我说：“这就需要你的智慧，在中华博大精深的文化体系里面，像这种看似自相矛盾的话有很多，如果你不能很好地理解并运用的话，那你将会很纠结，有一种被折磨的感觉。”

“不以成败论英雄”“胜者为王，败者为寇”“退一步海阔天空”“狭路相逢勇者胜”“宁为玉碎，不为瓦全”“留得青山在，不怕没柴烧”……这些看似矛盾的话，实质上，是我们中华民族智慧的体现，它是用不同的角度来说明同一个问题。比如“皇帝女儿不愁嫁”讲的是如果我们有一流的产品、过硬的质量，假以时日我们一定会深入客户的心里，形成好口碑。但是如果好的产品没有一个好的传播途径，没有一个快速的传播过程，那势必也会影响它的销售，势必会影响它的知名度。把两者结合起来，既有过硬的产品，又有好的传播途径和非常快的传播速度，那岂不是如虎添翼？

这些看似矛盾的话蕴含着无穷的智慧，有些话一定不能简单地从字面上理解。古人早就教导我们尽信书则不如无书，完全相信表面含义是不可取的，我们应该透过文字看到其背后更深层次的含义，这样才能获得真正的大智慧。

善有善报，恶有恶报

你怎么对待别人，别人就怎么对待你，这是多么简单的道理，可是又有多少人真正记得呢？有的人总在一味地指责别人、抱怨别人，很少问自己："为什么别人这样对我？"

要想赢得别人的尊重，必须先尊重别人，要想获得别人的帮助，必须先学会帮助别人。物以类聚，人以群分，善有善报，恶有恶报，所谓的吸引力法则、因果法则，讲的不就是这个道理吗？

"积善之家，必有余庆，积不善之家，必有余殃"同样是说明这个道理。去修炼自己，提升自己，要时刻意识到今天所做的一切都会回归到我们的身上。

什么都没做，我要确保“安全”

生活工作当中确确实实有这样一类人，不愿付出，不愿努力，不愿冒险，还整天想要成就一番大事，天天梦想着一步登天，幻想天上掉馅饼。这类人一事无成是再自然不过的事情，他们对工作敷衍搪塞，能躲就躲，能藏就藏。你要问他为什么，他还振振有词，工作干得越多，犯的错误就越多，挨批评就越多，所以要想不犯错误、不挨批评，少干事、不干事才是最安全的。

一个人什么事都不干，固然没有了犯错误的机会，但他同时失去了成功的机会，因为人生几乎所有的经验、阅历、技能，都是要通过大量的实践，通过一次又一次的犯错误、总结、提升，才能真正收获的。这样你才会成长，拥有成功的资本。有些人不明白这一点，不但自己不做事，还讽刺、打击做事的人。

什么都不做，就失去了很多锻炼的机会，慢慢地就会变成一个可有可无的人，这样你离被“踢开”的日子就越来越近了。什么都不干，什么都不做，不但不能确保安全，反而是最危险的一种行为。

自省很难，但绝对重要

自省就是自我反省。《论语》里面有一句话：吾日三省吾身。就是说一个人每天要多次反省自己，来找出自身的不足或者缺点。自我反省做起来并不容易。

一个人看电影，看一会儿，睡一会儿，别人问他这部电影怎么样，他说电影倒是不错，就是情节不太连贯。当一个人的主观世界出了问题时，其对客观世界的认识也一定会出问题，人们在面对问题的时候，往往寻找的是外部原因，很少从自身找原因，这就是问题所在。如果不能从自身找原因，很多的问题是很难解决的。我们要学会自省，要有觉悟，不断地开展批评和自我批评，批评别人很容易，自我批评、自我反省很难。

有的人像手电筒，只照别人不照自己，缺乏这种自省的精神。自我批评很难，但不代表做不到。要不断地提升自己的格局，当一个人能够自我反省的时候，他将步入一个更好的阶段。说一句对不起，就是一种自我反省，就这样简单的一句话，能让很多的矛盾化于无形，否则一点点小事就可能引起轩然大波。

自省代表一个人的修为和修养，代表一个人是否具有内观的能力，决定着一个人的格局。

以铜为镜，可以正衣冠；以史为镜，可以知兴替；以人为镜，可以知得失。

“哭着”降临，但要“笑着”生活

以开心快乐的心态来对待身边的每一个人每一件事，不仅给自己带来了快乐，也给身边的人带来快乐，这才是生活的意义，也是生活该有的价值。我们常说，笑一笑，十年少，笑也是一天，哭也是一天；开心也是一天，不开心也是一天，为什么不开心一些？我们在哭声中来到这个世界，但要在笑声中坚强地活着，我们要开心地生活、开心地工作、开心地学习，在笑声中走完我们的人生旅途。

不要在最好的位置上昏睡过去

这个世界很精彩，就像马戏团的演出一样，每一个人都渴望有一天能坐在最前排、最中间的位置来观看演出。我们都在鞭策自己，一定要努力努力再努力，拼搏拼搏再拼搏，拿到最佳位置的门票，可是入场后却疲惫到再也没有精力和心思去欣赏那精彩的演出了。不要在最好的位置上沉沉昏睡过去。让我们重新调整心态，重新调整我们的人生定位，来演绎属于我们自己的更加绚丽、更加精彩、更加无悔的人生。

莫将“爱”变成“陷阱”

在现实生活当中，有多少父母一辈子都在为子女营造着舒适的“安乐窝”，捧在手里怕摔了，含在嘴里怕化了，孩子要星星不敢给月亮，不让孩子干一点家务、吃一点苦、受一点累，让孩子过着衣来伸手、饭来张口的生活，孩子大了又忙着给他们找一份好工作，还想给他们留下一笔丰厚的财产，哪怕自己吃苦受累也心甘情愿。这种无微不至的爱，恰恰是“孩子人生的陷阱，掉入这种陷阱的人，除了依赖和惰性，”将一无所有。

每个人都是世界的主角

别人的生活发生了什么，他们正在经历着怎样的波折和磨难，他人看到的往往都是表象而已。并不是只有我们才是这个世界的主角，千人千样，每个人都有独特的故事，每个人都是自己故事里的主角，不管是平淡无奇还是曲折坎坷，每个人都已经经历了不同的故事，或悲伤或不幸。人生无常，我们要学会欣赏和善待他人，不要轻易地去指责别人，因为我们不知道别人生活里的喜怒哀乐。要体谅别人，每个人所处的环境不同，很难了解到别人的感受，每个人都是这个世界的主角。

过春节，最美还是家

春节是中华民族的传统佳节，也是情感得以释放的最佳时刻，它是一年一度的狂欢，也是一家人团聚的重要时刻。所以每当春节来临之际，无论我们身在何处，都会千方百计地赶回家来感受那份温馨。“80 后”年轻父亲石某一路奔波，耗时将近 24 个小时，总算回到了自己的村庄，刚一下车，老远就看到了自己的儿子，那一刻，所有的疲惫和不快都烟消云散了，因为他感受到了家的温暖。

我们常常会计算得到了多少，失去了多少，但是忘记了那些最珍贵的情感是无法用数字来计算的。新春佳节来临了，总有那么一扇门为我们敞开，那是我们的家；总有那么几个人在为我们守候，那是我们的亲人。所以，世界再大也要回家，路程再远也要踏上回家的路。过春节最美的地方还是家。

既然人生如戏，那就认真“演”吧

和几个朋友聚会，发现一位朋友额头有点红肿，忙问他怎么回事。他说：“过年给家里老人磕头磕的。”我说：“怎么那么卖力？”他说：“在我们家，拜年磕头磕得太轻，老人会不高兴的，他会认为你没有孝心。”我说：“孝心也不一定体现在磕头上呀，平时多陪陪老人，多送点礼物给他们，不也能体现孝心吗？干吗非要在乎这种形式主义呢？”他笑笑说：“人老了觉得钱并不那么重要，更在乎这种仪式感，你重视，他们就高兴，就是哄也要哄得跟真的一样。老人们虽然老了，但是你是不是投入，是不是用心，他们也是能看得出来的。”我觉得他说的很有道理，旁边一朋友也说：“可不是，有时候演戏就得演得跟真的一样。”

为了在乎我们、疼爱我们的人，我们不妨就当一次演员，让我们的“演技”变得更精湛一点，把自己的真情实感尽可能地表达出来。其实不管你演什么，他们看的都不是你的戏份，而是你投不投入。人生如戏，那就让我们认真地“演”吧。

请不要“群发”问候的信息

春节前后，大家一定都收到过很多朋友发来的问候、祝福的信息。大家在开心快乐的同时，也有一些遗憾，甚至有些苦恼。因为我们发现很多的信息是群发的，这些信息文采飞扬，图文并茂，可是一点温度都没有。对于这些群发内容，我内心深处是拒绝，甚至是反感的。本来是想通过传递祝福来维系、增进某种关系，可是时至今日它早已丧失了这种功能，甚至沦落为新时代的“皇帝的新装”，沦为成年人之间的一种虚假的游戏。大家你来我往，营造了以诚相待、互相惦念的假象。陌生人之间也就算了，如果冷不丁收到一条亲近的人群发给你的信息，你是什么感觉？我相信你可能会失落一段时间。所以，我认为这种群发信息的社交方式几乎是无效的。

郑重对待那些重要的，让你“心动”的人。重要的亲人，时常走动走动；重要的领导和客户要登门拜访，或者打电话问候。实在没有时间，哪怕什么都不做，也远比你发一个不冷不热的群发信息好。歌手郝云创作并演唱了一首《群发的我不回》的歌曲，里面的歌词是：原来你这是群发的信息，你竟然还忘了修改后缀，我顿时觉得过年索然无味，就好像喝了一碗温白开水，你说他怎么能这么棒槌，我真想给这爷一锤，不管你是谁，群发的我不回，不是我不给你面子，实在是觉得太累，不管你是谁，群发的我不回，这真不是面子的问题，我只是怀念真的东西。

想学坚持，磕嗑瓜子

有一天，一位学生问我：“孙老师，在树宏论坛开播的100多天中，我们每天都能收到一段三分钟左右的正能量的语音分享，到底是什么样的力量让你坚持下来的？怎样才能像你一样坚持去做一件事情？这里面有什么奥秘吗？”我说：“坚持做一件事情确实不容易，甚至说极富挑战性，最主要是具备坚韧不拔的毅力和韧性，当然也有其他方面需要我们注意。”

喜欢嗑瓜子的人都知道，瓜子一嗑就停不下来，是一颗接着一颗。细细分析起来，这里面有三个原因，可以称为嗑瓜子原则。

第一，回报原则：嗑开瓜子里面就有香香的瓜子仁作为回报。

第二，适度原则：嗑瓜子很容易，轻而易举不费力。

第三，不超载原则：每一粒瓜子仁都不大，就算连续磕连续吃，也不觉得油腻。

以上的三个原则就是坚持做一件事情的基本要素。如何做到每天去坚持做一件事情呢？第一，要给自己回报，做到了就奖励自己一下，就像我每天讲完树宏论坛三分钟的语音后，我都会给自己一个奖励。第二，要降低挑战难度，把任务难度降低一点，让自己能够承受，如我每天讲三分钟很轻松，如果让我讲三十分钟、讲六十分钟，这个就有一定的难度。第三，不要超载，不要劲头上来了一下子做很多，控制不好就会过头。坚持就像嗑瓜子，符合了这三个原则，日积月累就会取得突破，实现巨大的跨越。分享一副对联，上联——贵有恒何必三更眠五更起，下联——最无益只怕一日曝十日寒，横批——贵在坚持。

约个两年后的饭局，你会来吗

去参加一个朋友的聚会，快吃饭的时候，发现有两个人因故来不了了，朋友就说：“我临时喊两个朋友过来吧。”我说：“这不太好吧，俗话说三请两叫一提溜，提前三天那叫请，提前两天算叫，临时喊的那叫提溜了，是很不礼貌的事。”他说：“没关系，这都是我多年的铁哥们儿。”我说：“那就另当别论了。”

他的朋友来了以后我给大家讲了一个鸡黍之交的故事。故事的主人公一个叫范式，另一个叫张劭，是东汉年间在太学游学的儒生。有一年，两人一起告假回乡。范式家在山东，离京城有千里之遥。临走的时候他对张劭说：“两年以后我一定还会回来，到时我去拜访你的父母，去看望你的爱人和孩子。”然后他们就约定了见面的日期。后来约定的日期眼看就到了，张劭把这件事情告诉了母亲，让她提前准备，到时候杀鸡来款待这位好友。母亲很疑惑地说：“你们分别都快两年了，你怎么这么相信他呢？”张劭非常严肃地说：“范式是一个非常讲信用的人，一定不会违背诺言的。”母亲说：“如果真是那样就太好了，我不仅要给你们杀鸡煮黍，还要为你们准备上好的酒。”到了那一天范式果然来了，大家高兴极了。

这个故事被明朝冯梦龙演绎并收录在《喻世明言》里。朋友之间的交往要真诚、热情，尤其要信守诺言，君子一言，驷马难追，这是一个人最起码的素质，也是朋友之间交往最起码的准则。

莫叹息，这都是上天的“爱”

很多人都觉得，似乎烦恼没有尽头，不知道希望在哪里。其实，克服了困难，就拥有了力量；解决了问题，就拥有了智慧；走出了黑暗，就拥有了希望；走过了挫折，就拥有了成功。我们认为的负面的事情，其实能找到积极正面的答案。莫叹息，一切的困难、一切的挫折、一切的不愉快，都是一种特殊的礼物，拥有它，感恩它，珍惜它，人生一定会更加精彩，事业会更加兴旺。

别忘了摘下河边的“苹果”

一位老乡来北京，想谋求更大的发展平台。过了几天他突然打电话给我说他回家了，说连续找了很多家单位都碰壁，只好无功而返。言谈当中，他充满沮丧和失落，我感受到他强烈的挫折感。我说：“北京之行难道就没有收获？”他说：“浪费了时间、浪费了金钱，后来还和老婆吵了一架，没什么收获。”我说：“我们必须调整心态、提升智慧，否则我们这一生很难有大的成就。了解了北京这样的一线城市和二三线城市到底有哪些区别，在北京求职需要哪样能力，拥有哪些技能才能够在北京生存下去，你和其余竞争者有多大的差距，再有就是你未来的发展方向，这些不都是此行的收获吗？”

曾经有一位老和尚吩咐自己的弟子们去河对岸砍一担柴回来。到了河边，弟子们个个目瞪口呆，只见洪水从山上倾泻而下，无论如何也别想过河了，大家只能无功而返。面对老和尚的询问，只有一个小和尚从怀里掏出了一个苹果。他说：“我过不了河，也砍不了柴，但我看见河边有一棵苹果树，就把苹果摘回来了。”后来，这位小和尚成了老和尚的衣钵传人。

这个世界上永远有走不完的路，也有过不了的河。过不了河，掉头而回，也是一种智慧，但是真正的智慧就是放飞思想的“风筝”，摘下这么一个“苹果”。抱定这样一种生活信念的人，没有痛苦，没有挫折，没有失意，没有沮丧，最终一定能够实现人生的突围。当我们遇到困难和挫折的时候，永远记住这句话：别忘了摘下河边的“苹果”。

请远离那些“无明”的人

随着年龄的增长，我发现这个世界上最可怕的不是小人，也不是坏人，而是“无明”的人。

曾经有一位女士结婚几个月就离婚了，原因是她不想看别人的脸色生活。她老公是一个企业的高管，一个月有 10 万元的收入。她在家里做全职太太，时不时去逛街、购物。有一天，她老公发现卡上被刷了十几万元，就提示她限制一下购物的欲望。她一气之下把卡摔到了老公的脸上，说他一个月挣这么多钱还对自己这么吝啬，肯定对自己的爱不够多，哭着喊着要去上班，要自己去赚钱，去办卡去购物，过自己想要的生活，再也不看别人的脸色行事。两人的积怨越来越深，几个月后就离婚了。

我真为这位女士感到遗憾，甚至觉得有些悲哀。从客观的角度讲，她的先生不是一个小气的人，而是一个很能包容别人的人，相反是她的冲动和无知，成了结束两个人婚姻的最大诱因。一个男人做到了高管，虽然月收入很高，但工作压力也是很大的。这位先生也一定和很多男人一样，怕老婆担心，就没有把自己工作当中的辛苦和压力告诉她。她反而觉得挣钱很轻松，还产生了那么多的抱怨。这就是生活当中“无明”的人，这样的人我们的身边有一大堆。无知人皆有之，只要承认了自己无知，并不会危害他人，这也很正常。然而“无明”就很恐怖了，“知人者智，自知者明”。有些人根本不知道自己是无知的，甚至根本听不进去别人的劝告，而且把自己的一些妄想付诸行动，最后害人害己。“无明”的人是最可怕的，尤其当这个人是你的亲人或者是有共同利益关系的人时，我们要尽量与之沟通，劝告他、教育他。如果无济于事的话，我们不妨暂时远离这样的人。

找准位置，实现价值

人们常说，是金子在哪里都发光。果真如此吗？假如金子一直深埋在地下，它还能发光，展示其价值吗？所以，很多东西一旦放错了位置，价值就会大打折扣，甚至可能会变为垃圾。是骏马就要驰骋草原，是雄鹰就要搏击长空，这才是真正有价值的体现。

在生活当中，每个人都要尽可能地找准自己的位置，充分发挥自身的价值。其实往往很多人被放错了地方，有用武之力，但没有用武之地。这就相当于，兔子在游泳队任职，这完全是一种错误的安排。

有两个人在洪水来临之前爬上了最高的一棵树。甲逃难的时候带走了家里所有的干粮，乙逃难的时候带走了家里的黄金。后来乙饿死了，但甲坚持到了最后，并捡起了乙的黄金。在那时，窝头的价值远远超过了黄金。

人一定要找准自己的位置，才能体现真正的价值。

时刻塑造自己的"职业尊严"

不管你是谁，无论你在什么岗位上，都要对自己的工作充满敬畏之心。塑造自己的职业尊严，才有可能赢得别人对你的尊重。如果自己都不尊重从事的工作，别人还能尊重你吗?

一位同事说他家里一个雇用了10来年的保姆，因有事回家一周时间。同事回到家里发现，厨房的每个垃圾桶上都被认真地套上了7层垃圾袋。当时我听了非常感动，我认为这就是职业的尊严。我认识一个发型师，收费比附近理发店的发型师都贵，但是他在给客人理发时从不推荐任何染发、烫发的项目或者任何的产品。用最简单的方法让客人满意，这算是手艺。他的专业是理发，而不是推销，我认为这就是职业尊严。以前做家具的时候我认识了一个木匠。他生意做得很大，可工期极长。我给他想出了很多提高速度的方法，但他听后都不认可。我定了两件家具，并不贵重，但他还是亲自上门测量尺寸，亲自上门安装，生怕出了差错，或是没有放到合适的位置上。放好家具后，他抚摸着自己满意的作品，露出了那种惬意的表情，这就是职业的尊严。

从这些人身上，我看到了一种绵绵不绝的力量。职业尊严跟受教育程度、社会地位、眼界都没有必然的关系。不管做什么工作，一个全身心投入工作的人值得被尊重。坚守自己心中的那份礼、那份情、那份爱、那份执着，不苟且、不应付，就是职业尊严的最好体现。我们要时刻塑造自己的职业尊严，这样才能赢得别人真正的尊重。

我养兰花，不是为了生气

一个朋友和他恋爱了多年的女朋友，在情人节这天正式分手了，他非常痛苦。我说：“恋爱的目的是什么？结婚的目的又是什么？肯定不是痛苦，而是幸福、快乐地生活。既然不能如愿，那就坚强地面对，坦然地接受。”

一个老和尚养了一盆非常名贵的兰花，每天浇水、除草，可谓呵护有加。开出的兰花清新淡雅，十分让人喜爱。有一天，老和尚要外出，便把这盆花托付给了小和尚照料。小和尚很负责，像师傅一样精心呵护着这盆兰花。某天，小和尚浇完水以后就把兰花放在了窗台上，出门办事了。不料天降暴雨，狂风把兰花打翻在地。小和尚赶回来时看到了一地的残枝败叶，十分痛心。过了几天老和尚回来了，小和尚硬着头皮向他讲述了兰花的事情，并准备接受他的批评和责罚。但老和尚什么也没说，小和尚不解，就问师傅：“为什么您不责备我呢？那是您最心爱的兰花呀。”老和尚淡淡一笑说：“我养兰花，不是为了生气。”

简单的一句话却道出了一种豁达的人生态度。老和尚养兰花不是为了生气，那工作、学习、生活、交易、恋爱、结婚更不是为了生气。用心付出的东西一旦无法挽回，就不要再埋怨、后悔，拥有的时候就好好地珍惜，失去的时候也要淡然处之。既然没有完美，不如快乐地去接受，坦然地面对，这样世界上就没有什么大不了的事情。我很喜欢《菜根谭》当中的一句话：宠辱不惊，闲看庭前花开花落；去留无意，漫随天外云卷云舒。只要具备了这种坦然的心态，我们每一天都是开心的、快乐的。

别人的错误不应该成为自己堕落的理由

有些人朋友遍天下，总能逢凶化吉，人们常常奇怪他们的人缘为什么这么好，原因其实很简单，他们懂得吃亏，懂得以德报怨。吃亏是福，如果对方已经犯了错，我们不能跟着再犯错误。有一句格言说得好：别人的错误不应该成为自己堕落的理由。能够坚持善良、以德报怨的人内心强大，这样的人才是真正的生活的强者。

将就，会摧毁你美好的人生

可能很多人都有这样的经历，在商场看到了一件心仪的衣服，可是没有合适的尺码，但为了方便将就着选了一件合身但相对没那么喜欢的，结果会让你后悔很久。

在生活当中，这样一次次的将就，让我们离美好的生活和目标越来越远，不是我们不愿意做，而是因为条件有限，困难太多，只能将就。其实只要我们加以努力，多付出一些耐心和心血，很多不可能是可以变成可能的。

有这样一对夫妇在北京的黄金地段买了一个 28.7 平方米的公寓。在别人看来，这就是一个栖身之处，但是夫妻俩不愿意将就地生活，装修时前前后后找了将近 40 个设计师，最后真的找到了一个设计师，为他们设计出了百变的空间。设计师把时间换空间的理念植入设计，使他们不仅拥有了流动的厨房、一个非常不错的家庭影院，还有一个带浴缸的浴室，他们真的非常满意。在他们看来，这已经不是一个普通的，只能将就的容身之所，而是一个最理想的家。

著名演员陈道明曾参演过一部名为《喜剧的忧伤》的话剧，他说自己演了 61 场，也调整了 61 场。当出来的效果不是最令他满意的，他就一定要变，而且不断地往最好的方向去改进。只有永远以高标准来要求自己，不断地克服眼前的困难，我们才能一步一个脚印地向着最好去迈进，而选择将就的人最后只能得到最次的结果。不要受一些条件的限制，要勇敢地去追逐你心中最想要的那个目标，努力去做，相信自己值得拥有更美好的人生。

鹤立鸡群，谁更难受

有一个词叫“鹤立鸡群”，意思是像鹤站在鸡群中一样，形容一个人的仪表或才能在周围一群人中很突出。当一只鹤站到鸡群里面，是这群鸡难受呢，还是这只鹤难受？一定是这只鹤难受，那群鸡才不难受呢。显得咱们很难看。这是什么？这就是领先的压力，落后者往往不思进取，想到的却是把领先者给“干掉”。因此，任何一个集体中的骨干和精英往往都会面临着巨大的挑战和压力。

管理学当中有一句话：一把刀最容易钝的是刀刃，一把枪最容易磨损的是枪尖，一个团队当中最容易受到伤害的是领先的骨干。所以作为团队的领导者，我们必须要学会保护“刀刃”、保护“枪尖”、保护领先者。因为领先者，往往都面临着人际关系、任务指标、家庭关系等巨大压力。如果英雄先倒下了，谁还愿意当英雄；如果榜样倒下了，谁还愿意当榜样？所以要让英雄、榜样过上幸福的生活，才会有更多的人愿意当英雄，愿意当榜样。在我们的组织当中，如果有“鹤”立于“鸡群”，这是好事，他们是我们的榜样，是我们的英雄，是我们应该重点保护的对象。除了他们自身要提升以外，更多的是企业要给他们提供好的环境，让他们更加开心，更加快乐，而不是备受煎熬，痛苦不堪。

欹器的智慧，做人的准则

《荀子·宥坐》记载了这样一个故事。孔子在鲁桓公的庙里参观，看到了一只倾斜的器皿。询问后得知，那是君主放在座位右侧警戒自己的器皿。这个器皿空着时会倾斜，灌入一半水会变得端正，灌满水就会翻倒。这个故事颇具警示作用，无知导致的是偏执，综合才能带来稳定，自满就会倾覆。做人既不能无知，更不能自满，而是要中正，有虚有实，虚实参半，既有虚心的态度，又有一定的实力，这才是最好的。

据说这个欹器一直到汉代还有，董卓乱长安的时候，关东大乱，这个器皿就丢失了。在唐宋年间，也有人仿制过。故宫博物院陈列着 1895 年“光绪御制”的欹器。这一器皿警示人们，一定要学会调整自己的心态，不管你取得了多大的成就、有多少人给你鲜花掌声，你都得做好心态的调整。不管我们披着多么强大的“外衣”，都得有一颗平平常常的心。一个人处在鲜花掌声的包围之中，在聚光灯下的时候，平常心最难得。说平常话、吃平常饭、过平常的日子、有平常的心，这个境界是非常难得的，尤其是对那些有很大成就的人来说。有时间可以去故宫博物院转一转，看一看欹器，进一步体会其中的智慧。

人生往往就败于两大“敌人”

目前的金融市场很繁荣，很多人热衷投资，大大小小的投资公司、理财公司也遍地都是。很多人问我：“投资者最需要的心态是什么？”我的答案是适可而止。无论是炒股票还是买基金，都有“止盈”和“止损”的说法。“止盈”就是钱赚到一定程度就不赚了，及时抛售；“止损”就是赔到一定程度就及时撤退，否则就越陷越深。

举个简单的例子，金价比较动荡的时候，有人炒黄金，假如某人在金价320元每克时买入了，过了三天，黄金价格上涨，他赚了5万元，可是他没有卖，而是想价格可能还会涨。过了几天，金价又涨了，他高兴得不得了，看到这个曲线往上攀升的趋势，决定还是不卖，再等等。可是第二天，金价大跌，他肠子都悔青了，后悔昨天没有卖出。

投资最要命的是什么？就是赢了还想赢，输了就还想继续，最后陷入进退两难之中。如果想投资的话，我们得有止盈和止损的概念，重要的原则之一就是设定止盈点和止损点，明确自己赚了多少钱就不赚了，赶紧抛；赔了多少钱就不赔了，赶紧撤。

设定止盈点和止损点是非常重要的投资原则，更是十分重要的人生原则。人生有两大“敌人”，而且我们每个人都可能面临着这两大“敌人”的挑战，它们分别是贪心和不甘心，所有的赌徒最后崩溃都是因为这两点。所以我衷心祝福每一位朋友都能够成功地战胜这两大“敌人”，拥有精彩而灿烂的人生。

让富贵成为付出的副产品

随着市场经济的高速发展，越来越多的人加入慈善的行列，通过帮助他人到达更高的人生境界。做慈善帮助的是他人，但是提升的是自己。要想提高物质水平，得学会如何获取；但要想提高精神水平，就得学会如何付出。

管理也是这个道理，《水浒传》中的及时雨宋江是公认的好领导。所以，我们在管理课上提出了一个口号，叫“做好领导就要做‘送’公明”，这个“送”字其实就是宋江集合天下英雄好汉最基本的技巧，送物质、送情感，对方需要什么，宋江就送给对方什么。这其实是一门学问，也是一种境界，很多人一辈子只会获取，不会付出。会“送”才是大智慧，人生就是要在付出当中去领会、去体悟、去感受。

我们的祖先很有智慧，我们的语言文字很高明，财富的富，付出的付，负担的负是同音字，同音字是有内在联系的。这告诉我们，人生在获得荣华富贵的同时，要有足够的付出，要用付出来守住自己的财富，否则这份富贵是不会长久的，反而会成为一种负担。很多富二代、富三代，在享受财富的时候，没有想到继续付出，眼前的财富就不会太长久，这就是很多的家庭富不过三代的原因之一。我们要做一个懂得付出的人，而不仅仅是一个富贵的人，只有让荣华富贵成为付出的副产品，我们才会越富越光荣、越富越长久。

分槽养马，合槽喂猪

一个老农养了两匹千里马，想在其膘肥体壮的时候卖个好价钱，于是起早贪黑地给它们喂精致的草料。几个月下来，两匹马不但没长壮，而且浑身是伤。老农向有经验的人请教，对方看了以后笑着说：“千里马是不能合槽喂养的，必须分槽喂养，因为千里马都有本事，个个目空一切，它们都想把对方干掉，独霸这个地盘，于是就不好好吃草，还天天踢打对方，这就是它们浑身是伤的原因。”老农苦恼地问：“那怎么办？”对方答道：“很简单，槽之间加个隔断就可以了。”老农一听很有道理，于是照做了。几个月下来，两匹马长得膘肥体壮，卖了个好价钱。

后来，老农觉得养马天天晚上加草料很辛苦，于是不想养了，改喂猪了。他还是按照以前分槽养马的方法喂猪。几个月下来，小猪越来越不爱吃食，越来越瘦了。于是他向有经验的人请教，对方看后笑着说：“谁告诉你分槽喂猪的？”他说：“我以前是这样养马的。”对方说：“分槽养马可以，但喂猪不行。你没听说过吗？一头猪不想吃，两头猪争着吃，三头猪抢着吃。”于是，老农又开始合槽喂猪。几个月后，猪长得膘肥体壮了，卖了个好价钱。

用人也是这样，何时“分槽”，何时“合槽”？这要看具体的对象，像马这样有独当一面能力的人，必须要“分槽”，不能让几个同样有能力的人去干同一件“小”事情，不然不仅不能发挥其优势，还可能造成矛盾。而对像小猪这样相对能力较弱的人，必须让他们在一个群体的竞争环境中成长，不断前进，学会捕捉机会，等他们像千里马一样有较强能力的时候，再把他们分开，让他们独当一面，这样人才既能成长，又不会受到伤害，这才是培养人才的好方法。每个人的特点不一样，企业在招人、育人、留人、裁人时，要采用不同的方法，而不是千篇一律。有的人重名，有的人重利，有的人想名利双收，企业要有“分槽养马，合槽喂猪”的思维，才能够做到人尽其才、才尽其用、用尽其能、用当其时，才能真正地发挥每一个人的价值，留住人才。

把草放到“屋顶”上

曾经“分槽养马，合槽喂猪”的老农把猪卖了以后，又养了一群牛。由于初春，嫩草迟迟没有发芽，老农只能用隔年的干草喂牛，牛吃得很少，眼看着要掉膘。老农很着急，又向有经验的人请教，对方给他的建议是，喂牛的时候不要把草直接放在食槽里，而是要把草放在屋顶上，让牛伸着脖子才能吃到，这样会有很好的效果。老农虽有不解，但还是照做了。果然，牛开始争先恐后、津津有味地吃草了。

当我们给下属提供的回报有限，一时又无法改善的时候，可以把获得回报的门槛设得稍高一点，让众人付出的努力更多一点，使得这份回报更有挑战性。这样，即使是不怎么丰厚的回报，也能够吸引很多人，这就是所谓的“高屋喂草”的策略。

不过没过多长时间，老农又犯了一个严重的错误。嫩草长出来了，老农还是像以前一样把嫩草放在了屋顶上。结果牛像疯了一样争着去够房顶的嫩草吃，一使劲把整个房子都给顶翻了。

当资源很丰富，回报足够有吸引力的时候，企业管理者就不要人为增加难度，而是要允许下属用自己的努力去获得更多的回报。不能人为故意地去设置一些障碍。这样做可能会引起众怒，适得其反。

把草放在屋顶上，这里面有一个度、一个分寸、一个火候的问题，如果能够把握好，一定能够实现人财两旺的理想目标。

"奖赏"里面的大学问

春秋战国时期，韩国的第六位国君叫韩昭侯。韩昭侯有一条裤子又破又旧，让身边的人收藏起来。身边的仆人说："您也太不仁义了，不奖赏给我们，反而还收藏起来！"韩昭侯说："我听说圣明的君王不轻易一颦一笑，有值得颦的事才会颦，有值得笑的事才会笑。这条裤子可不是一颦一笑就能比得上的，一定要遇到有功的人才能赏赐给他。"一条旧裤子，随便奖励下去，就会给无功的人留下一种不努力也可以获得奖赏的印象，同时有功的人有可能觉得领导者是根据自己的喜好进行奖励的，再努力也是白费。

所以有智慧的领导者在奖赏上不随便，有时候需要重赏，有时候也需要吝啬。虽然领导者手中握有很多的资源，但是绝对不能随便奖赏，一定要做到事出有因，赏罚得当，大功大赏，小功小赏，无功不赏，从而形成一种积极健康的风气来引导员工的行为，这是企业文化的一个正确的导向。

别再一味执着于“亲眼所见”

《吕氏春秋》里面讲到，孔子周游列国时，曾连续数天没有吃到一粒米。有一天，弟子颜回好不容易要了一些大米回来煮饭。饭快煮熟时，孔子无意间发现颜回掀起锅盖，抓了一些米饭塞进嘴里。孔子假装没看见，也没有去责问。饭煮好后，孔子若有所思地说自己梦到祖先，想把还没吃过的米饭，拿出一部分用来祭祀祖先。颜回慌乱地说：“不可以，这锅饭被我吃了一口了。刚才煮饭时不小心掉了一些灰尘在锅里，丢了太可惜，我只好抓起来先吃了，我不是故意先吃的。”孔子听后恍然大悟，反而内疚起来，抱歉地说：“我平时最信任的人就是颜回，但我仍然会怀疑你，可见我们的内心是多么复杂。”

要了解一个人，还真不是一件容易的事。当你因为一件事而对一个人的所作所为做出评判的时候，请想一想，你看到的真是事实的真相吗，还是只看到了一个点或是一个面呢？有时候，我们根本不了解对方的立场或困难，就已经给对方的言行下了定论。更何况有时双方的利益是冲突的，就更容易发生误会。连孔圣人都会对自己最信任的弟子起疑心，更何况是我们？我们常常因为“亲眼所见”“亲耳所闻”，而对他人产生某种印象，从而给他人贴上了某种标签。有多少人，因为自己的“亲眼所见”“亲耳所闻”，从此对他人耿耿于怀，甚至怀恨在心。而可悲的是，有的人可能永远意识不到，其实可能是自己看错、听错了，或是只看到、听到了一部分而产生了误会。当两个人交流时，其实是你以为的你，你以为的他，他以为的他，他以为的你，这样交流时又会产生多少误会呢？你总在和你以为的他交流，可你知道真正的他是什么想法吗？当我们学会站在他人的角度思考问题时，我们就不会一味执着于亲眼所见了。

三人行，必有我师焉

三人行，必有我师焉。可能有人把这句话简单地理解为三个人当中，一定有一个人是我的老师。其实这有些偏离了这句话原本的意思，孔子通过这句话是想表达每个人身上都有值得学习的优点。我们身边的每一个人身上可能都有我们不具备的优点。“骏马能历险，耕田不如牛，坚车能载重，渡河不如舟”是不是也蕴含着这个道理呢?

这个故事说明，学历不代表能力，文凭不代表水平。正所谓人生处处是考场，人生事事皆考题，人人为我师。三人行，必有我师焉，择其善者而从之，其不善者而改之。只要我们善于发现他人的闪光点，并树立向他人学习的意识，就一定能不断进步，也会有越来越多的贵人、越来越多的朋友、越来越多的老师愿意帮助我们获得更大的成功。

请不要总吃“烂水果”

有个人买了一箱水果，他总是从不好的那个吃起，一箱子水果陆陆续续地变坏，他从头到尾也没有吃到一个完好的水果。因为他总是想把最好的留到最后。

穿衣这件事上，他也是如此。他曾花几千元买了一件西装，平时舍不得穿，只有在重大场合时才会换上。结果几年下来，这件西装他只穿了两三次，款式和颜色都已经过时了，只好闲置在衣柜中。每次看到这件西装，他都感到可惜。

或许我们常听到有人这样说：“等我把孩子养大了，我要去旅游；等我瘦了，我要好好打扮自己……”可真的等到那天，或许又有别的事情阻碍其旅行。

千万不要把“最好”的留到最后，你以为这是节约，其实是一种浪费，因为吃的、穿的、用的都会在时光的流逝中慢慢地丧失价值。时间不会等你，当你想要好好享受生活时，就不要顾虑太多，不要给自己设限，而是要在能力范围内学会享受生活。

不要在秋天寻找春天的足迹，也不要在冬天寻找秋天的影子。而是要在适当的时候享受美好的生活，把握好现在的每一刻。

语言的力量

在一次演讲家特训营结训的时候，我给每位学员布置了一个作业，在接下来的100天中，每位学员每天都要写不少于10件值得感恩的事情，比如爱人给我们做了一顿丰盛的早餐，孩子给我们带来了快乐，老板提供了平台等。不仅要写，还要拍成视频发到群里分享给大家。

有学员问：“为什么要做这个？”我说：“持续一段时间后，你会发现你的心态、处事的方法以及和别人交往等很多方面都会发生巨大的变化。”

语言具有巨大的力量，如果你常把“一定有办法的”“没问题”这样积极、正能量的话挂在嘴边，你的每一天都将积极向上，即使遇到困难，在乐观的心态下，你也会积极寻找解决方案，顺利渡过难关。相反，如果你每天都嚷着“太糟了”“太让人气愤了”“真的没办法了”，会显得你遇到的挫折也特别多，因为你没有积极地寻求解决方法。

保持积极向上、乐观的态度也是必要的。这样做一定会收获一个个人生的惊喜，因为语言是改变人生的核心力量。

“顺丰”上市的最大亮点

2017 年 2 月 24 日，鼎泰新材正式更名为顺丰控股并在深交所敲钟上市。截至当日上午收盘，顺丰控股涨停，报 55.21 元。按当时股价算，顺丰控股市值超过 2300 亿元，顺丰成为深市市值最大公司，而顺丰创始人王卫个人身价也将接近 1500 亿元。

但是此次顺丰上市仪式当中的最大亮点当属站在王卫身边和他一起敲钟的那位顺丰快递小哥，这一温馨感人的画面，深深地刻在了每一位顺丰人的心中。这位快递小哥就是因为剐蹭事件被打的那位，王卫不但为他找回了尊严，还把他请到了敲钟的现场，共同见证顺丰的荣耀时刻。王卫在敲钟前简短的发言中承诺：“没有员工血汗付出，没有一线、二线、三线员工披星戴月的工作就没有顺丰。顺丰不是我王卫做出来的，而是所有员工做出来的。不会因为上市改变对员工的关爱，而且绝对不会变。”

做好一家企业，不仅靠薄利多销，而且要用价值去对比价格，让客户享受超值的产品或服务才是王道。而这是需要每一位员工，特别是最基层的员工共同努力才能做到。

顺丰做到了，为什么？因为顺丰的领导者，让最基层的员工获得了应有的尊严，就像此次敲钟仪式一样，王卫穿着顺丰的工作服和普通的快递小哥一起在台上敲钟，践行了企业的经营理念。我认为此次顺丰上市当中最大的亮点不是它的市值有多少，也不是王卫的身价有多高，而是他郑重地提出了一个承诺，就是让普通的劳动者获得应有的尊严。这应该成为每一个企业的神圣使命，这才是此次仪式带给我们的最大的启发。

机会总是偏爱少数人

每个人都想拥有一次又一次的机会来成就精彩的人生，可有时结果却不尽如人意。为何大家都看好的机会，最后却是一场“暴雨”；而当大家都不太看好、不太确认的时候，可能机会悄然而至？当大多数人都确认机会的时候，已经迟了半步。

泰国有一个奇怪的雕像，它的正面是一个非常漂亮、婀娜多姿、秀发倒垂的看不到脸的女人，背面却光秃秃的。泰国人称其为“机会女神”之像，就像机会来临时，我们往往看不到它的真实面目，当你发现这是机会时，或许它已经溜走了，再去抓已经抓不到了，就像雕塑光秃秃的背面，让人无从下手。

有的人整天都在抱怨没有机会，实际上并非如此，生活中并不缺少机会，而是因为他没有用心留意，没有认真地去了解和研究，没有勇气去追赶，所以一而再，再而三地错过。

机会是什么，机会就是别人不知道时你知道，别人不明白时你明白，别人犹豫不决时你果断地做了，当别人知道了、明白了、想要做时，你已经成功了。机会就是这样，总是偏爱少数人，因为大多数人都有一种惰性，喜欢跟风，人云亦云。机会总是给那些少数的、有准备的人。

只有不断地提升自己的智慧，锻炼自己敏锐的眼光，才能及时地发现机会，把握机会。

不懂这一点，销售白忙活

销售的策略有很多，但有一点是非常重要的，倒不是什么高深莫测的内容，就是要让客户感觉到占了大便宜。掌握了这一点，销售将容易很多。

很多人都喜欢占便宜，购买东西时，对方报出价格以后，第一反应就是能不能便宜点。哪怕你去购买 5 角一斤的白菜，面对有零有整的金额，也会希望商家给“抹零”，我自己就干过这事。难道我们真的缺少这几分钱或几角钱吗？显然不是，这是一种自然的反应。

如果商家能够满足消费者占小便宜的心理，那么成交的可能性就会大大增加，甚至可以说是水到渠成。

为什么人们在逛京东、天猫、淘宝这些大的电商平台时，总是有一种想要消费的冲动。归根结底是价格的优势，让消费者感觉捡了一个大便宜。

淘宝在“双十一”一天的交易额就可以突破 1000 亿元，原因是淘宝掌握了消费者占便宜的心理。商家一定要深入地去思考一个问题：我的产品如何能够让客户购买以后，感觉捡了一个大便宜？如果能够意识到并做到这一点，业绩一定会出现井喷式增长，你也一定会成为真正的营销高手。

员工离职原因，这两点很真实

一个朋友给我打电话说心情很郁闷，想找我倾诉一下。

见面后，我问他怎么了，他说一个跟了他 12 年，和他风雨同舟的营销总裁，今天向他提出辞职了。我问他对方有没有说离开的原因。他说是因为对方觉得工作太累了，想休息一下。

在我看来，虽然员工的离职原因林林总总，但有两点是很真实的，一是钱没给到位，二是受委屈了，归根结底就是干得不爽。

果然不出我所料。我了解到，这位提出离职的营销总裁为公司立下了汗马功劳，但每年的年终奖总是远远低于他的预期。公司经过多次股改，但到现在为止，他一点股份都没有。

我对这位朋友说：“换作你，你还想继续在这家公司干下去吗？你还能够真正用心地为公司付出吗？你口口声声说人家是兄弟，干活的时候说对方是兄弟，分钱、股改的时候你把他当兄弟了吗？”

作为企业的管理者，我们要乐于反省，勤于反省。老板要思考自己能给员工带来什么，是物质上的，还是精神上的，还是能让员工实现物质上和精神上的双丰收。如果什么都得不到，员工为什么要跟你干？

未来企业的竞争就是人才的竞争，有很多方法可以留住人才，但有两点是很重要的，那就是钱给到位，不能让其受委屈。简单地说，就是要让员工干得开心，干得快乐。

留人的四个机会和四种感觉

留住人才的两个核心要素就是钱要给到位，不能让其受委屈。

要想留住人才，必须要留意四个机会和四种感觉。

这四个机会是：

第一，做事的机会。只有在做事当中能力才能不断地提升，不能让员工成为闲人。

第二，赚钱的机会。只有这样才能让他实现财富自由。

第三，成长的机会。就算工资低一点，但如果有不断成长的空间、成长的机会，员工也会留下来。

第四，发展的机会。告诉员工只要有一定的能力，就会被放到应有的平台上，提供给员工一个很明确、很广阔的发展机会。

还要经营员工的四种感觉。

一是目标感，让他在这个企业当中有清晰的发展目标，清晰的职业规划。

二是安全感，员工不会为衣食住行发愁，不会有朝不保夕的感觉。

三是归属感，让他在工作中有家的感觉，把自己当成企业组织中重要的一员。

四是成就感，激发他的潜能，充分体现他的价值，让他知道自己在这里是一个有价值的人，满足他的成就感，因为每一个人都不想成为企业中可有可无的人。

如果企业能把以上这四个机会和四种感觉经营到位，落到实处的话，在未来的人才管理、人才引进等方面，一定会建立起良好的口碑，最后一定人才济济，兵强马壮。

成功要尽力，更需要借力

每个人都向往成功，却常在奔赴成功的路上感到力不从心，最后感叹自己已经尽力了，不成功也没有办法。

院子有一块大石头，小男孩拼尽全力也没能搬动，他跟父亲说自己已经用尽全力了，父亲却摇了摇头。小男孩疑惑不解，父亲解释道："因为我就在你旁边，你都没有请求我的帮助啊，怎么能说用尽全力呢？"

想做成一件事情，没人规定只能使用自己的力量，很多人成功并不只是因为他的能力强，而是他能整合更多的资源，这个过程就是借力使力。

英国的大英图书馆举世闻名，里面藏书非常丰富。大英图书馆曾计划从旧馆搬到新馆，于是在报上登了一个启事，告知每个市民可以从大英图书馆借 10 本书，无须任何费用，只要把书还到新馆即可。就这样，大英图书馆借用大家的力量，实现了图书搬运，还省下了一笔巨大的费用。

借力不仅是一种能力，也是一种勇气，更是一种智慧，无论是个人还是集体，在追求成功的道路上尽力而为是必要的，但更需要懂得借力使力，这样才能形成合力，才会无往而不胜。

你有那关键的“5%”吗

很多人坐在一起看不出有什么差别，但是经过交流、合作后就会发现，人与人之间的差距真的是天壤之别。有的人人格魅力十足，像磁铁一样把很多德才兼备的人吸引在自己的身边，而有的人就像孤家寡人，没有人愿意与他合作共事。

香水中 95% 都是水，只有 5% 的成分是不同的，那是各家的秘方。人也一样，差别就在其中关键的 5%，包括修养、境界，等等。有的人幻想一夜暴富，幻想一蹴而就。但成功往往要经过几年、十几年甚至是几十年的成长和历练。

要想拥有独一无二的人格魅力，必须要认真地修炼，经得住诱惑，耐得住寂寞，坐得住冷板凳，在自己的领域内一门心思深入地做下去，才能成为这个行业里面德才兼备的行家，成为领头羊，才会赢得别人的尊重和厚爱，愿意向你靠拢、与你为伍。只有不断地精进、不断地修炼，我们才会越来越优秀、越来越成功。

不同的性格特质对应不同的人生

不同的性格特质往往对应着不同的人生，在很大程度上影响着人的成长。有这样一句话：播种行为，收获习惯；播种习惯，收获性格；播种性格，收获命运。这说明了性格的重要性，它对人生有着或多或少的影响。

在学习和生活中，要注重培养自己的性格特质，特别是处于性格形成期的孩子们，就更要从小处着手，从行为着手，养成积极向上的行为习惯和乐观的行为特质。只有具备了积极乐观向上的性格特质，才能够创造属于自己的成功的七彩人生。

你家的“窗户”擦净了吗

一对年轻的夫妇对面搬来了新邻居，每次邻居洗完衣服，妻子都会评论对方的衣服洗得不干净。某天妻子发现邻居的晾衣绳上居然悬挂着干净的衣服，便对丈夫分享这一发现。她的丈夫非常生气地说：“我今天擦了咱家的窗户。”

在对一个事物、一个现象做出评判之前，我们应该先看一下自己的“窗户”是否干净。我们看到的东西，取决于这扇“窗户”的干净度。在我们做出任何评判之前，都应该思考一下自己是否客观，是否能够看清楚事情的真相，而不仅仅是找出问题来评论一番。

务必要擦净“窗户”，这样才能够看到事情的真相，才能够看到世界的本质，才能够做出正确的判断。

共享单车不仅仅是车，更是镜子

共享单车为大家的日常出行带来了很大的方便，因此迅速在不少城市普及开来，成为一道亮丽的风景线。然而没过多久，这些原本应该停在路边，等待着有需要的人使用的自行车，却经常出现在马路中央、河道里、树杈上，四肢不全、遍体鳞伤，成为这道风景线上一条条刺眼的败笔。据调查，北京朝阳区某维修点就有近 3000 辆被损坏的共享单车，近 10 位修车师傅每天要修上百辆单车，许多车轮变形，二维码被涂抹，锁具被私自更换，多数是人为造成的。

如今，个别人对物品还只是简单区分，要么是自己的，要么就是别人的，别人的和自己没有什么关系。他们对公共财物、共享资源这些概念还缺乏应有的认识，造成了这些不文明的现象。共享单车作为共享经济的一个代表，是一种创新。共享经济顾名思义就是大家共享便利。但共享经济模式要想运转顺畅，需要公众具有较高的公众意识和文明素养，善待这种新生事物，说白了就是要替他人着想。共享单车不仅仅是车，更是一面镜子。对共享单车的态度，直接反映出一个人的素质。我呼吁从自我做起，从现在做起，做一个有修养、有素质、有担当的人，这个世界将会更加美好。

换位思考，真的很难

有些人总是抱怨自己的公司，抱怨自己的老板，抱怨自己的同伴，抱怨自己的客户，甚至抱怨自己的家人。每当遇到这种情况，我都会直截了当地说：“假如换一下位置，你会做得比他好吗？或许互换一下位置，你还不如他。”确实，有些人说起话来头头是道，夸夸其谈，但做起事来却与自己说的相差甚远，正所谓三岁孩子懂得的道理，很多老人都做不到，这些人就成了语言上的巨人，行动上的侏儒。主要的原因就是不能做到换位思考。正所谓要想公道，打个颠倒，很多事说起来容易，做起来难。

妻子正在厨房炒菜，丈夫在她的旁边喋喋不休：“慢些，小心点，火太大了，赶快把鱼翻过来，油放得太多了……”妻子脱口而出：“我懂得怎么炒菜。”丈夫平静地答道：“我只是想让你体会下，我在开车你在旁边喋喋不时，我的感觉。”

学会体谅他人并不困难，只要你愿意认真地站在对方的角度和立场，去思考问题、看待问题、处理问题。

有人说：“换位思考，说起来容易，做起来太难了。”难，就代表做不到吗？换位思考虽然不容易，但只要不断放大自己的格局，提升自己的境界，提高自己的修养，就一定可以做到。只要我们能够真正地做到换位思考，站在对方的立场去思考问题、看待问题、处理问题，这个世界就会简单得多，我们的人际关系也会越来越好，我们也一定会赢得越来越多人的理解和尊重。

科学合理的战略部署是执行的前提

有一个学生热衷于公众演说，但总感觉自己进步很慢，还是会感到害怕和恐惧。今天他突然给我打了个电话，说找到了一个能够快速提升演说能力、克服恐惧心理的方法。我一听很高兴，问他是什么方法。他说决定以后要多站到几百乃至上千人的舞台上，去大胆地锻炼，这样就可以快速地适应舞台，克服恐惧的心理。我笑着说：“你的想法确实很好，但是谁给你提供几百、上千人的舞台让你去演说、去锻炼呢？”他说：“这个我还真没考虑过。”他的想法很好，但没法落地。

有时，想法很好，但是，怎么去落实、怎么去解决，却没有答案。企业在制定战略时，绝对不能出现这样的问题，否则就会产生执行力不到位，很多的方案执行不下去的问题。

如果战略脱离实际，就根本谈不上执行，科学合理的战略部署是执行的前提。

复印纸里的大学问

一个老板让员工去买复印纸，员工只买了三张，老板问员工三张怎么够用，至少要三摞。第二天员工买了三摞复印纸回来，老板一看说：“你怎么买的是 B5 的？我要的是 A4 的。”到了第三天，老板发现 A4 的复印纸没买回来，就问员工：“怎么到现在纸还没有买回来？”员工却说：“你又没有说今天上午一定用，我还以为你不急，准备过两天去买的，那我现在就去。”

区区一件小事，员工跑了三趟，老板失望了三次。老板肯定会摇头叹息，员工的执行力太差了，甚至在心里抱怨，宁要神一样的对手，不要“猪”一样的队友。员工心里肯定会想，老板的能力太差，连个基本的任务都交代不清楚，只会让我们天天白忙活。

如何提高执行力和工作效率？我认为在执行一件事情之前，一定要讲清楚规则，理清楚前因后果，以及一些具体的事项。只有交代清楚，沟通到位，才能高效执行，高效工作，否则就会出现无效劳动。

想成大事，能容下反对意见吗

“宰相肚里能撑船”这句话可谓家喻户晓。一天一个朋友跟我说：“假如我当了宰相，我的肚子里别说能撑船，航母都可以跑得开。”我笑着对他说：“你的顺序搞颠倒了，别人是因为具备撑船的胸怀，才当了宰相，而不是当了宰相才肚里能撑船。”

古今中外，干大事的人都明白这个道理，但是能真正听取别人的反对意见并积极采纳的有几人呢？

在生活当中我们都很讨厌，也很惧怕一些烦恼和不幸，但很多时候恰恰是这些带给你烦恼和不幸的人和事情，在促使着我们不断前进、不断成长、不断突破、不断创新。

孟子说：“生于忧患，而死于安乐也。”我们不仅要听好听的话，更要听不好听的话；不仅要接受正面的表扬，更要积极听取反对的意见，才能够多角度、立体化地了解事情的真相。想做一番大事，必须要做到这一点：能容得下反对的意见。只有这样，我们的事业才会越做越大，创造辉煌。

请剔除“碗”里的杂质

一颗心与一颗心的碰撞，需要双方同时付出真诚，才能发出清脆悦耳的响声。带着猜忌、怀疑甚至是戒备之心与人相处，也难免被别人猜忌与怀疑。

其实每一个人都有可能成为我们生命中的“贵人”，前提条件是与人为善。付出真诚，就会得到相应的信任；献出爱心，也会得到应有的尊重。反之，如果我们对别人虚伪、猜忌甚至是嫉妒，别人给我们的也只能是一堵厚厚的墙和一颗冷漠的心。

每个人的生命里，都有一只碗，碗里盛着善良、信任、宽容、真诚，当然也存着虚伪、狭隘、猜忌和自私等杂质，让我们一起来剔除“碗”里的杂质，然后微笑着迎接另一只碗的碰撞，并发出清脆、爽朗的笑声吧。

做最好的自己，才能碰撞到最好的别人！

拥抱学习，成就精彩人生

知识改变命运，学习成就未来，已经成了一个不争的事实。一个爱学习的人和不爱学习的人，三五天看不出差距，三五个月差别也不明显，但三五年后两人就会有明显的差距，十年八年后就会有更大的差距，十五年、二十年后就会有天壤之别。现如今，竞争更加激烈，发展更加迅猛，每天二十四个小时都在学习，似乎感觉时间还不够用。有人说：“我每天也在努力工作，为什么和他慢慢拉开了距离呢？”后来才知道，人家在工作之外，还在继续努力学习，每天进步一点点，而自己没有一点点成长，慢慢地与他拉开了距离。所以说，八小时之内求生存，八小时之外才能求发展。

学习是我们永葆青春和活力的方法。让我们拥抱学习，成就精彩人生。

抛弃“小聪明”，拥抱“愚钝”

小聪明真的能给我们带来了长久利益吗？《红楼梦》当中对头号聪明人物王熙凤的概括非常经典：机关算尽太聪明，反误了卿卿性命。

小聪明导致了我们社会信任的成本在不断上升，也使我们每天生活在焦虑、怀疑、无奈、忧郁的心境中，有再多的财富又有何意义，有何价值呢？为了让我们生活得更幸福、更美满，就让我们都抛弃这些小聪明，变得愚钝一点、变得更憨厚一点、变得更“傻”一点吧！

抛弃“小聪明”，拥抱“愚钝”，我们的明天一定会更加幸福，更加美好！

善恶的标准

人们常说：“善有善报 ，恶有恶报。”但是具体到某一件事或某一个人是善还是恶，有时还真的不太好评判。

我想起了《吕氏春秋》里记载的“子贡赎人”的故事。说鲁国有一条法律，如果鲁国人在外国见到同胞遭遇不幸，沦落为奴隶，只要能够把这些人赎回来，帮助他们恢复自由，就可以从国家获得足够的金钱补偿和奖励。孔子的学生子贡，把鲁国人从外国赎回来，但拒绝了国家的补偿。

孔子批评了子贡，说领取补偿金，不会损害他的品行；但不领取补偿金，鲁国就可能没人再去赎回自己的同胞了。

衡量一件事或一个人是善还是恶，不能仅仅停留在个人或事件本身上。判断善恶的真正标准是看其是否弘扬正道、传承文明，最大限度地聚集社会的正能量。如果是，那就是“善”；否则，表面的“善”极有可能铸成“恶”。

儿童节，让我们变得更有趣吧

六一儿童节，网络上非常热闹，成年人之间也会祝福彼此。很开心，我也收到了很多“节日”的祝福。其实大家在忙忙碌碌当中，似乎早已忘记了童年的那份乐趣。恰逢节日，大家都想尽可能地回到过去，回到童年，让自己变成一个有趣的人。因为只有自己更“有趣”，我们才能生活更开心，才能更受人欢迎。

有人做过调查，四大名著里受读者喜欢的人物居然是《西游记》里的猪八戒、《红楼梦》里的刘姥姥、《三国演义》里的张飞以及《水浒传》里的鲁智深。有趣的是从《西游记》里一身毛病的猪八戒到膀大腰圆的莽汉鲁智深，都不是作者笔下浓墨重彩的绝对主角，却抢走了风头。更不可思议的是，他们既没有超高的颜值，也没有过人的本领 ，但却能活在观众的心中。原因是他们有一个共同的特点：有趣。

人群中总会有那么几个没有什么背景，也没有多大的能力，更没有什么颜值的人，却总能抢了风头，而且特别招人喜欢。有他的地方，就特别热闹；有他的时候，就不觉得尴尬；有他的时候，就觉得生活特别开心。这就是有趣的魅力！

有一个修自行车的老人非常有趣。他说：“别看我修自行车，其实我在银行里存了 500 万元！”有人问：“怎么存了 500 万元还修车呢？”他说：“哎呀，一不小心存了个 500 年的死期，这辈子是取不出来啦，所以还得修自行车啊！”大家和老人一起开怀大笑起来，这就是有趣的人，有趣的生活。

一切悲伤都是纸老虎，藐视它的时候，悲伤就会减半；风趣的时候，快乐就会加倍。做一个有趣的人，让生活每天充满段子。

谈谈人脉的现实性和残酷性

人脉确实很重要，有的人甚至认为，人脉等于财脉。但什么才是真正的人脉呢?

我认识一个人，经常在我面前展示他和某某大咖、某某牛人合影的照片，感觉有很强大的人脉关系。但是前几天，他突然要找一个医生给他家人看病。我说：“你有这么强大的人脉关系，这不是很简单的事吗？”他苦笑一下说：“他们根本就没在意我，根本就不认识我。”

什么叫人脉？人脉就是一种“价值交换”，建立在双方都有价值的基础上。人脉和朋友不一样，朋友之间更多的是情感交流，而人脉是建立在利益基础上的。说白了，人脉是要“门当户对”的。

有实力才有人脉。人脉是成功以后的结果，而不是你通往成功的途径。当你强大到一定程度的时候，你就可以吸引到同等强大的人脉资源，不同领域的人脉都自然会向你靠拢。

经常有人问我：“到底应该把时间花在提升自己的能力上，还是花在积累人脉上？”我认为，与其寻找和笼络人脉，不如你变成别人都想结交的人。所以还是把时间花在提升自己的实力上，把自己变得更强大。

很多人总以为跟某个名人拍了个照片，跟某个大腕握个手，和某个老总套个近乎，他们就是你的人脉了。其实，在他们眼里，你就是个“小透明”。不是他们势利，而是他们跟普通人一样，只能看到跟自己同等高度的人，以及仰望站得更高的人。

社会就是这么现实，那么急切想结识别人的人，往往就是别人不想主动认识的人。这听起来很现实，也很残酷，但是又不得不承认它是对的。

与其一味地去追逐、攀附所谓的人脉关系，不如让自己变得更加强大。只有让自己真正强大起来，我们才能拥有真正良好的人脉关系。

看人品，仅这“一点”就够了

经常在一些饭局或公众场合看到一些人接电话的口气非常不耐烦：“正忙着呢，吃完就回。”未说两句，就匆匆挂掉。忙什么呢？忙着喝酒，说些无关紧要的话，却没有耐心听家人多说两句。

有一位男士，大概是接到孩子的电话，本来有些严肃的表情顿时来了个大转弯，嘴角笑开了花，说：“贝贝听话，想吃什么？爸爸下班买回来。”

这个电话让坐在一边的我们都忍不住笑了。其实孩子打电话，能有什么事呢？不过是在家待寂寞了，想跟爸爸说两句话而已。

如果你接听时的态度很好，是不是会让电话那头的人感到很温暖呢？一个对孩子温柔用心的男人，怎么能干不好工作呢？

还有一个电话，我印象很深，我们几个人搭一位男士的车去办事，中途他接到了妻子的电话，说她有点不舒服，今天不想做饭了。那位男士立刻说：“想吃什么？我早点回家带回去。是想吃点甜品还是喝点粥呢？”可以有这么多选择，就算身体不舒服，但心里肯定很舒适。

一次，也是在一个饭局上，其中一位男士吃到一半，给母亲打了个电话，温柔地说：“我八点半之前到家，你先睡。我带了钥匙，可以自己开门。”

他放下电话解释，母亲最近来家里小住，妻子碰巧今晚也有应酬。母亲睡得早，他若不回去，她睡不着，提前告诉她，她就放心了。八点刚到，他很抱歉地告辞，提前离去。

对待家人的态度，可以显示一个人真实的人品。无论男人或女人，都非常准确。

失去的“美好”，何必再留恋

人们常用“天下没有不散的筵席”来形容再美好的场面也有结束的时候，也会用“昙花一现”来比喻很多美好的事物往往又很短暂。每当失去这些美好事物的时候，人们总是长吁短叹，悲伤不已，有的人甚至一生都走不出这个阴影。本来该大展宏图的人变得碌碌无为，留下了无尽的遗憾。

我们欣赏洒脱的生活态度，但何为“洒脱”呢？我认为洒脱就是能摆脱失去的痛苦。旧的不去，新的不来。失去了就是失去了，何必还要苦苦留恋？如果留恋有用，我们何必还要继续努力，创造更多的精彩呢？

海纳百川

经常听人说：“我看谁都不顺眼。”看人不顺眼，其实暗指你离不开他，因为如果你有能力离开这个看着不顺眼的人，又何必老是自寻烦恼呢？停止抱怨，专注于提升自己的能力吧。

看人不顺眼，更深层的，也是最根本的原因，就是境界不高。相由心生，心中有什么，就会看到什么。生活中，那些慈祥的老人、智慧的长者，为何看谁都顺眼、都开心呢？就是因为他们的境界达到了较高的层次。海纳百川的道理是最容易理解的了，大海能“容”、能“纳”，江河才能汇聚于此。

心胸开阔一点，视野高远一些，就不会看什么都不顺眼了。要分清哪些是自己的事情，哪些是别人的事情。别人怎么做，是别人的事情，你做好自己的事情就可以了。不要因为外界事物的变化而改变自己的情绪。

人的能量、精力，都是有限的。不要为了那些对你毫无意义的人或事而生气，最终没了心情去做自己的事情。消极情绪会消耗掉你大量的精神能量。

提升自己的修为和格局，强大自己的能力吧。慢慢地，世间的一花一草，在你眼里都会是一道道亮丽的风景。

莫让无边的“欲望”毁了你

和一些朋友谈起了电视剧《人民的名义》里面的一些人物结局，感慨万千。那么多曾经的好人、能人，为何最后走上了犯罪的道路？是无边的欲望毁了他们。后来朋友又分享给我一则新闻，2019 年中国离婚率最高的城市的离婚率达 63%，排名世界第一。当下离婚的因素很多，但是最重要的是随着财富的增多，生活水平的提升，人们的欲望迅速膨胀，而且也没有很好地加以控制，最后往往是无边的欲望毁了一个个原本幸福的家庭。

生活原本是没有烦恼的，但当你开始计较得失，贪求更多时，痛苦便找上门了。尤其是当欲望之火被点燃并肆意燃烧，烦恼、痛苦、失望等“不速之客”就会来敲击你的心门了。

林则徐曾说过：“壁立千仞，无欲则刚。”去除那些自私自利之“欲”、贪得无厌之“欲”，你定会变得无比坚韧、刚强，自然就会赢得幸福的家庭和美满的人生！

能让别人把话说完吗

每次在培训班上，我都会给学员们介绍职场的五件法宝：点头、微笑、掌声、倾听和记录。

倾听特别重要，因为现如今很多人生活浮躁，没有耐性。他们总是有意无意地打断别人的讲话，会让他人不舒服，从而影响自己和家人、同事或朋友之间的关系。

浮躁的社会，其实更需要一份耐心。尤其是在和别人交流的时候，要让别人把话说完。这样既体现了自己的修养，维护了自己的形象，又不会因一知半解而想当然地做出一些错误的决定，更不会造成不必要的遗憾。

远离一知半解，永远精益求精

很多人都知道知识就是财富。但我要说，拥有知识，这叫技，最大限度发挥知识的力量，转化为生产力，这叫长。例如，会开车叫技，开成赛车手叫长；会炒菜是技，炒成特级厨师叫长；会说话叫技，成为一流的演讲家叫长。技能养家，长可致富。所以在任何行业里，我们要想有所成就，必须做到专心、专注、专业，然后才能成为老师、专家，直至顶尖高手。知识就是财富，给人们带来尊严和价值！

一起努力吧，远离一知半解，永远精益求精。

高考很残酷，但更值得拥有

每年高考过后，总会有对高考制度的一番讨论。废除高考的声音不绝于耳，观点无非文凭不代表水平，学历不代表能力等。反对者还会列举出高考的弊端。我的看法是：高考很残酷，但更值得拥有。

首先，高考是公平竞争的舞台。正是因为有了科举制度，一些读书人才能够“朝为田舍郎，暮进天子堂”，才有了一个相对公平的机会。科举制度很残酷，仅凭一张考卷、一篇文章定终生。但如果没有这个制度，还有多少普通人有机会进入朝堂之上，成为社会的栋梁呢？今天的高考也一样，至今还没有任何一个人能够拿出比高考更公平、更规范、更系统的选拔人才的方法。我们可以设想一下，如果取消了高考，普通人如何进入理想的学府学习。

其次，高考会让你拥有越来越多拼搏的资本。也许有人会说，很多上了名牌大学的人或是一些“海归”，最后不也碌碌无为吗？而很多没有文凭的“草根”，照样干出惊天动地的事业。他们甚至还会搬出比尔·盖茨没读完大学、王宝强逆袭成功等加以证明。但这不是普遍的现象，不能以此来否定知识及平台的重要性的。

大家很欣赏《欢乐颂》中的安迪，她是公司高管，集智慧、坚强、冷静等各种美好品质于一身。但不要忘了，她可是哥伦比亚大学商学院毕业的博士。她读过万卷书，走过万里路，见过万千人，才有了那样的高度。

为高考点赞吧！它会让你获得一纸文凭，虽然不能保证你飞黄腾达，但会给你更多的选择机会。而那些机会，能带你蹚过命运湍急的河流，拓宽你人生的视野，让你见到更广阔的世界。然后，你才更有资本，更有能力，与优秀的人相逢在高处，创造属于自己的精彩人生。

仅差“一字”，更值得肯定

一直以来，人们对无私无畏者都表示了极大的尊重，却用“无知无畏”来形容那些没有多少人生阅历的年轻人拼搏奋斗、放荡不羁的一种状态。无私无畏固然值得尊重，而“无知无畏”者，同样值得肯定，因为它是个人成长乃至整个社会变革前进的动力。

为何说初生牛犊不怕虎？因为它根本不知道虎的厉害。而往往就是这份无知和勇气，才使更多人在陌生的领域探索、研究，从而成就一番事业。实践证明，很多事情，在你不清楚它到底有多难时，往往更有热情、斗志和潜能。把事情做得更好，这就是无知无畏者更高层面的价值。

所以，我认为和无私无畏比，虽仅差一字，但无知无畏更值得肯定和弘扬。

莫让生活细节，毁了你的形象

《细节决定成败》一书讲了细节在生活当中的作用，可谓是“细微之处见真情，毫厘之间定乾坤”。我们姑且不去严肃地讨论成与败的问题，生活中的一些小细节，如果不注意的话，真的会瞬间毁了你的“美好”形象。

有一次去自助餐厅吃饭，桌子对面坐着一位中年女性，着装非常朴素，静静品尝着自己取来的美味，最后吃得干干净净，一点都没有浪费。而且临走之前，她将桌上的杯子、碗筷、纸张及所有垃圾都归拢在一起，放在盘子里，方便服务员收拾，而店里并没有要求顾客这样做的规定。

而邻座的一位男士，西装革履，行为干练，看上去是很有绅士风度的成功人士。只见他夹取了满满一盘子饭菜，还没吃到一半，垃圾已满桌都是。突然来了个电话，他居然对周边安静的氛围毫无顾忌，大声地讲了足足有 20 分钟。电话结束后他就离开了，但他盘子里的饭菜几乎剩下一半，桌面更是一片狼藉。这两人的行为对比起来，使我不由得想化用范伟在小品《卖拐》里的台词：“同是在一个饭店用餐的客人，做人的差距咋差别这么大呢？”

我自己也有一次经历，可谓是刻骨铭心。一次讲完课，我到厕所里小解，有个仪表堂堂的小伙子，突然站在我后面大声说道：“您是孙树宏老师吧？我是您的‘粉丝’，咱们合个影吧！”说着，就举起了手机，和我来了一个自拍，我当时非常尴尬，哪有这样“强行”拍照的啊。

但我们身边确实有很多这样的人，毫不顾忌别人的感受，只顾自己开心。与人相处，要保持最基本的修养或礼节，至少在举手投足之间不要让别人感受到难受。所以，我们千万不要忽视生活中的一些细节，一个人的素质、教养，往往全在细节处体现出来。

泰山不拒细壤，故能成其高；江海不择细流，故能就其深。法国玛丽王后即便是被推上了断头台，踩到刽子手的脚时，也会下意识地说一声“对不起”。虽说她将生命输给了历史，却将尊贵留给了千秋后世。

教养不是非要用惊天动地的大事去体现，而恰恰是在很多琐碎的生活细节之中暴露无遗。破坏一个人的形象，出卖一个人的教养的，正是这些被看作细枝末节的点滴小事。

做一个真正“随便”的人吧

在生活中，有些人表面上非常随和，你问他吃什么、要什么。他都会说两个字——“随便”。好像你怎么安排，他都会非常满意。

一对恋人去饮食广场吃饭，男朋友问道：“亲爱的，吃什么？”

女朋友说：“随便！”

“既然随便，那就吃火锅吧？”

“火锅太辣了，容易长痘痘。”

“那就吃快餐吧？”

“垃圾食品，不好吃。”

“那就吃西餐吧？”

“西餐根本吃不习惯！”

男朋友有点不耐烦地说：“到底吃什么？”

女朋友清晰地回答：“随便！”

在现实中，就怕这一类随便，它经常在社交中给人很大压力。因为随便背后的潜台词是“你应该知道我要什么，并能够给我想要的”。

先说“随便”让别人对你形成“随和”的印象，给了对方一个良好的预期。但之后又挑剔、指责，这相当于破坏了你之前建立的形象，打破了对方的预期，让他失望。这一来一回造成的落差，反而强化了你并不随和的社交形象。倒不如一开始就明确说出自己的需求，在对方没有预期的时候，更容易接受。

做一个真正“随便”的人吧，这样可以迅速融入一个集体，拥有良好的人际关系。

关注 1%，才可以真正享受生活的乐趣

有一位朋友，任何时候和他联系，他都是非常忙碌。他的微博上、朋友圈里几乎满篇都是评论，时刻都在“指点江山，激扬文字”。反正不管什么新闻，他都要说上几句。他还喜欢跟风。看到朋友买什么书了，他要跟着买；连别人收藏什么，他也要凑凑热闹。他还振振有词地说：“如果我不关心这些，别人会认为我落伍了。”结果，他把生活过得乱七八糟，事业也是一无所成。

而另一位艺术界的朋友却过得很“悠闲”。当大家都在热议明星八卦时，他正在厨房为老婆做生日蛋糕。当大家讨论爆炸性的新闻时，他正在书房构思新的作品。翻看他的朋友圈，发现他几乎没有发表过什么看法，更别提什么偏激的言论，朋友圈里全是他爱做的事、要做的事和已做的事。他说：“别人的生活，对与错和我有什么关系呢？”他是大家公认的最懂得生活、最会生活的人。很多人问他生活的秘诀是什么。他说：“很简单，不要过度关注别人。与其一风吹草动就指点江山，不如脚踏实地过好自己的生活。”

这让我想起了陶渊明的诗句：“结庐在人境，而无车马喧。问君何能尔？心远地自偏。”看来，境由心造，是有一定道理的。

事实就是如此，我们身边看似每天都在发生着各种各样的事，其实 99% 都与我们无关。但我们却把很多时间和精力耗费在这 99% 上，而忽略了那 1% 我们最该认真对待的部分。去掉“过度关注别人”的无聊时间，我们的生活就可以大幅度简化。

关注 1%，才可以真正享受生活的乐趣！

与人相处，留点漏洞是必要的

公司的保洁人员收入并不高，我会定期请他们帮忙清理公司里的废纸盒、废报纸等一些所谓的垃圾。其实我很清楚他们不会把那些垃圾扔掉，而是会拿出去卖掉。我更不会让保洁在卖掉后，把钱交到公司，而是会让他们获得一份隐形收入。这样他们才能把公司打扫得更干净，对这份工作更有兴趣。

与人相处不能给太苛刻，正所谓：水至清则无鱼，人至察则无徒。留点漏洞，让别人也有利可图，这样才能合作共赢啊。人与人交往确实不能太精明，小事糊涂，关系才会更融洽。

商场上，留点漏洞给合作伙伴，大家都有利可图，合作关系才会更牢固；职场上，留点漏洞给下属或同事，让他们也有发光的机会，团队才会越来越强大；生活中，留点漏洞给邻居和朋友，让他们有利益可得，他们才会和你越走越近，在你需要帮助时伸出援助之手。

轻易被干扰的人，难成大器

生活中有一种人，看似英俊潇洒或时尚靓丽，但可能别人一句话就可以把他的心情全部搞乱。他的情绪会受到极大的干扰，以至于没有办法好好学习和工作。而有的人，可以任凭风吹雨打，胜似闲庭信步。这就像往一瓶矿泉水里滴一滴墨水，就可以改变它的颜色，而往大海里倒进十缸墨水，也改变不了大海的颜色。区别就在于心胸不一样，抗干扰能力自然就不一样。所以，人们倾慕有着海纳百川胸怀的人，他们注定能成大器；而面对一点小事就心烦意乱的人，可能会平庸一生。

要想成就一番大事业，我们必须得有相当强大的抗干扰能力。如果风吹草动就让我们手忙脚乱，那我们终将一事无成。只有练就强大的心理素质，才能够做到荣辱不惊、去留无意，屏气凝神，无限专注于自己的领域。

是否懂得尊重，与身份有关吗

孔子有天计划外出，天要下雨，可是他没有雨伞。有人建议说：“子夏有，跟子夏借。”孔子一听就说：“不可以，子夏这个人比较吝啬，我借的话，他不给我，别人会觉得他不尊重师长；给我，他会很心疼、很难受。”

圣人之所以是圣人，是因为他在细微之处都懂得尊重、体谅他人。起初，我认为这种素质与学识、身份有很大的关系。但通过生活中很多的事例之后，我发现自己的认识是偏颇的，甚至是错误的。原来，是否懂得尊重他人，与身份没有直接的关系。

尊重别人，才能获得别人尊重。而能否做到这一点，跟身份、学历、地位没有必然关系。日常生活中，一些普通人在言行中体现出对他人的尊重，往往更令人动容。

尊重他人的人，都不想因为自己的言行，而给别人带来麻烦。因为懂得尊重，才会懂得平等、懂得宽容，更懂得理解。当你对他人有了足够的尊重，你才能够对身边人心怀最大的善意，拥有了足以挺立于世的力量。

让“免费”成为营销的利器

人说天下没有白吃的午餐，是说天下所有的享受，所有的成果都是通过劳动、通过拼搏、通过付出才能得到。这是没错的。但是在市场营销中，“免费”往往能作为一种特有的要素运用到营销实践当中，有时候会收到意想不到的效果。“免费”经营思路和策略，在很多领域中都成了营销的一柄利器。

从客户那里获取利润的关键方法，就是迅速满足客户的需求。可很多商家只知道问客户要钱，却忽视其核心诉求。应该满足客户的核心诉求，取悦客户最在意的人或事。很多活动，看似免费，反而会带来滚滚财源，让人充分领略“钱不是挣来的，是客户举着双手送来的”这一营销智慧。

“不解释”三个字，见证了品位和境界

生活中喜欢抬杠、辩驳的人比比皆是。这类人总想在口头上压制别人，占据上风，即使是犯了错误也拒不承认，会用各种没有逻辑的理由来为自己辩解和开脱。而恰恰是“不解释”这三个字，拉开了人和人之间的差距，见证了一个人的品位与境界。

不敢直面自身问题的人，即使别人指出来后也要强行解释。其实，只有能做到直面自己的缺点，接受别人的好心相劝而不再解释和掩盖的人，才能不断完善自己，不断进步。

如果有一天，一个人不再费心解释和掩盖自己的缺点或过错，那说明他真正成熟了。幼稚和成熟之间的差别，就在于能否在自己做得不对或者有不足时做到不解释，敢于承认自己的短处并诚心诚意去提升自己。

说得多做得少的人，难成大事；而真正能成事的人，都是默默地付诸行动，只会在最后给你一个满意的结果。能做到不解释，才能沉下心做事。

如果我们走得正、行得端，并有清晰而明确的人生方向，在遇到别人不理解、不支持甚至打击我们时，我们可以不解释，等有真正结果后再说也不迟。人和人之间的差距，很多时候就在于能否做到“不解释”。记住它，一生必将少去很多的烦恼和痛苦。

不忘初心，方得始终

一位特别想当老师的学生问我：“如何才能讲好一堂课？”我反问他：“你认为一堂好课的标准是什么？”他思考了半天，最后给我发过来了至少十条。但我认为，他发来的都没有真正讲到点子上。我回复说：“好课程的标准就是学生高度认可。”你讲的课程，学生不认可，你认为再好有意义吗？我们很多时候走着走着就忘记了当初为何要出发，而把简单的问题，搞得越来越复杂，离问题的答案越来越远。

从最朴素的情感、最基本的原点出发思考问题，可以把复杂的问题简单化，反而能更快找到解决问题的答案。所谓“不忘初心，方得始终”，同样是这个道理。

生活、工作中，越是看起来复杂的问题，越需要我们回归原点去思考。尤其是在企业的改革或创新中，不管如何变化，原点都是以客户需求为导向，用最少的资源创造最大的价值。如果偏离了这个原点，解决方案会越来越复杂，也会越来越不靠谱。

外在修饰掩盖不了内心空虚

只有内心极度空虚，没有真才实学的人才会在外表上过度修饰和包装，装腔作势。真正有实力、内心强大的人不需要刻意用这些外在的东西去包装自己，依然气场十足，受人尊重。

如果是个普通的路人，大家会说穿平底布鞋太土，裤兜里塞满东西不注意形象，咬着眼镜架像个小混混，全身上下没一件名牌。

如果他是任正非呢？可能人们就会说他穿着休闲，不拘小节，有范儿！为何？因为任正非内在足够强大，不需要外表太多修饰，依然好评如潮，“粉丝”如云。

所以，加强内在修养吧。只有从内在不断地修炼、强大自己，才能真正赢得人们内心深处对你的尊重。否则，外在修饰终究掩饰不了内在的空虚，只会引起别人的反感。

你能出淤泥而真的“不染”吗

与谁同行真的很重要，孟母三迁的故事，也正说明了这一点。也许有人会说：“我有超强的意志力，可以做到出淤泥而不染。”有没有这种人？有，但太少了。我们都是芸芸众生中的一员，与其在淤泥中顽强地搏斗，倒不如修炼自己，提升自己，净化自己的朋友圈和生活、工作环境，和一群有正能量的人在一起，成就一番事业。

与谁在一起，真的很重要。雄鹰在鸡窝里长大，就会失去飞翔的本领，怎能搏击长空，翱翔蓝天？野狼在羊群里成长，也会“爱上羊”而丧失狼性，怎能叱咤风云，驰骋大地？

你很优秀，但周围那些消极的人影响了你，使你缺乏向上的压力，丧失前进的动力，而变得俗不可耐，如此平庸。

一位智者曾说：“大多数人带着未演奏的乐曲走进了坟墓。”如果想像雄鹰一样翱翔蓝天，那你就要和它们一起飞翔；如果你想像野狼一样驰骋大地，那你就要和狼群一起奔跑。

正所谓“画眉麻雀不同嗓，金鸡乌鸦不同窝”，这就是潜移默化的力量和耳濡目染的作用，也是吸引力法则的体现。出淤泥而不染，普通人很难做到。所以，对绝大多数人来说，与谁同行，真的很重要。

不值钱的人，永远迷茫和恐慌

有人问我：“现在干什么最赚钱？为何什么工作都那么辛苦又赚不到钱？”我很严肃地对他说：“当今社会，赚钱对于一个没有专长的人来说，确实很艰辛。对于拥有专业技术、专业特长的人来说，就显得轻松了很多。因为他是一个值钱的人，走到哪里都可以赚钱。而很多没有特长，只能靠自己的辛苦和汗水来赚钱的人，可能离开了某一个环境，连劳动的资格或机会都没有了。所以我们必须让自己成为一个值钱的人。那就要在一个行业当中一门心思深入、钻研下去，成为这个行业的专家能手。不能一年换七八个工作，做什么都是蜻蜓点水，浅尝辄止。那样永远也不能成为专家，成为一个真正值钱的人。在任何行业，你的影响力只会随着你内在实力的强大而不断地改变和升级。”

当你领先别人一小步时，别人会嫉妒你；当你领先别人一大步时，别人会羡慕你；当你超越别人一大截时，别人就会跟随你。

为何有时感到迷茫？不过是自己的才华配不上自己的梦想罢了，或者叫作“志大才疏”。

一只站在树上的鸟儿，从来不会害怕树枝断裂。因为它相信的不是树枝，而是自己的翅膀。

成长的路上，只有你内在强大的实力才能给你以足够的安全感。努力赚钱不是最重要的，最重要的是让自己变得越来越值钱，这样才能越来越轻松地去赚钱，才能彻底摆脱对未来的迷茫和恐慌。

大爱无声

生活当中，很多人动不动就把海誓山盟挂在嘴边，甚至以天地为证。但往往因为一件小事就能分道扬镳、各奔东西，对自己的承诺毫不负责，讲一套、做一套。其实，很多的爱未必一定需要轰轰烈烈地表达，更深层次、更高级的爱往往是在平淡生活当中表现出来的，正所谓大爱无声。

有一些人，他们不会甜言蜜语，不懂浪漫，却总能在你需要的时候陪伴着你。

爱可以轰轰烈烈，甚至感天动地，可以名垂青史；但也可以表现得低调平淡、朴实无华，却更厚重踏实、温暖持久。

“三秒钟”，可以温暖“心”世界

生活当中，我们都愿意花很多的精力去学习礼仪，想在重大的场合当中，做到尊重别人，也能赢得别人的尊重。其实，我们在很多大的方面做得都很不错，甚至相当成功。但生活当中大的场面毕竟不是天天遇到，而更多的是日常生活。正是一些不经意的细节，最能体现出一个人是否真正懂得尊重他人，是否真的具备较高修养。因为，细节往往是自然而然的真情流露。

记得很多年前，有一份文件必须我亲自到客户家去拿。当我取到文件，刚刚踏出客户家的门时，门就“砰”一声被重重关上了。我心里一震，我相信这不是客户的本意。他家阳台是敞开的，或许是阳台的风将门带上了，因为我们都曾有过这样的经历。

尽管这样想，那扇瞬间在我身后重重关上的门，还是让我心里掠过一片寒意，感到有一种叫作“被尊重”的东西从我身边悄悄溜走。“被尊重”并不是多么难得，但一旦得到，会让人感到愉悦。

从那以后，每当送别客人或朋友，我都至少迟“三秒钟”再关门，目送他们走进电梯或转过楼梯拐角，直到看不见为止。我相信，他们一定会从这迟“三秒钟”的关门中感到“被尊重”的那份温暖。

许多人都见到过，电梯里常常有一面镜子，这面镜子有什么作用呢？我一直以为那面镜子是给每一个进入电梯的人整理仪表用的。当我偶然间知道了答案时，我心里的感动，像阳光穿过树林一样，明亮而温柔。这个答案是当有残疾人摇着轮椅进来的时候，他们不必费力地转过身来，就可以从镜子里看到楼层的指示灯。

在小事或细节上体现出来对人的尊重，更能看出一个人的人品和修养。

细节处的人品像一朵小花，并非美得惊天动地，却静静地散发缕缕的芳香，优雅而温暖。

让“三秒钟”一样的尊重，更多地伴随着我们每一个人，去时刻改变着、温暖着世人有些浮躁，也有些冰冷的“心”世界吧。

看破就说破，交际之大忌

情商，是指人们对环境的适应能力以及对人际关系的协调能力，在人脉的积累以及事业发展的过程中起着决定性的作用。古人早就告诉我们“水至清则无鱼，人至察则无徒”“不聋不瞎，不配当家”“难得糊涂”等很多关于提高情商的智慧。这些话其实就在说，很多的事情，看破未必一定要说破。而有的人可能会说：“知无不言，言无不尽嘛。”某些时候这是正确的，但生活中的很多事情，如果看破就一定要去说破，这就犯了交际之大忌，最后还可能招致别人的厌恶。

有修养的人尊重别人的爱好与选择。他们不相信世界上有绝对三观相合、趣味相投的人，就像不相信有完全相同的两片树叶一样。但他们以极大的善意对待身边的朋友、亲人，而不是因为他们彼此一样。

尊重别人的爱好、个性，尊重别人与你的不一样，懂得看破未必说破的智慧，必将结识更多的贵人，赢得更多的机会。

最大的恶，就是利用别人的善

某地一群跳广场舞的大爷大妈们霸占了整个公园里唯一一个篮球场，与前来打篮球的年轻人发生了口角。随即大爷大妈们蜂拥而上，和打球少年们扭打起来。

这世上有一种恶，就是利用别人的善。我们一定要尊重老人，但更尊重的应该是老年人的行为，而不仅仅是老年人的年龄。所谓老吾老以及人之老，年轻人要像对待自己家中老人一样去善待其他老人。但老人也应该相应把年轻人当作自己的孩子一样去体谅、呵护，即幼吾幼以及人之幼。像上述这种占据了篮球场地之后还要占据道德制高点，对年轻人进行攻击的老人，就是倚老卖老、为老不尊的人，不值得被尊重。

如果一个人的行为不正确，那么不管他多大岁数，都不值得尊敬，反而要去提醒他。无论你是满头白发、步履蹒跚，还是意气风发、正当壮年，想要别人尊重你，首先要学会尊重别人。这，有关教养，无关年龄。

成功离我们到底有多远

有一次，公司要招聘一批销售人员。面试时，一个刚毕业的大学生说到他被女朋友抛弃，差点做出错事时，我就断定他不适合我们的销售工作。但在其他老师的坚持下，还是决定让他试一试。事实证明，我的判断是正确的，他只干了不到半个月就离开了，因为他连销售中最常见的被客户拒绝都承受不了。

企业家之所以能够取得成功，是因为他们具有不怕失败、勇往直前、对生命永远充满热情、敢于探索的个性。

我们很难想象一个悲观主义者能做出轰轰烈烈的事情，我们也很难想象一个被动、消极的人能做出开创性、突破性的事业。

有自律能力的人，能够给自己设定目标和方向，坚定不移地排除各种干扰、诱惑，可以做到一门深入、心无旁骛，直到成功。

成功的人还要具有融合能力。融合能力是指能够在人群中混得很好，可以成为核心领导人物，融合并且借助别人的力量来共同完成一件事情。具有这种能力的人可以迅速获得良好的人脉关系及团队的支持，提高自己的核心影响力和竞争力。

以“礼”服人，你真能做到吗

有“礼”走遍天下，无“礼”寸步难行。中华民族历来讲究礼仪，并用礼仪文化影响了全世界。但时至今日，似乎有些礼仪被有意无意地淡化了，很多不良现象出现在我们身边。

今天我做了个测试，询问受访者是否还在做生活中大量有礼节的行为。测试结束后，我深有感触，以“礼”服人，我们真能做到吗？现摘录部分内容如下。

1. 认真接过路上兼职人员发的传单。如果有特殊原因不能接受，也对其报以微笑，表示感谢。

2. 上菜时对服务员说谢谢。

3. 挂电话时，等对方先挂断。

4. 递剪刀、刀子等物品时把尖锐的一边朝向自己。

5. 戴着耳机的时候不和别人说话，说话的时候拿掉耳机。

6. 给女士递瓶装水或饮料的时候，把瓶盖拧松。

这些看似不起眼的小事，却能折射出一个人、一个家庭、一个团队、一个公司乃至一个国家的礼仪文化甚至文明程度。一个简单的行为，就可能带来许多温暖。

中国是礼仪之邦，只要我们能从日常的点滴做起，就一定能实现伟大的“中国梦”，让富且强的中国傲然屹立在世界的东方！

愿今生做你的“手机”

不知从何时起，我们走到哪里，都拿着手机，低着头在刷屏、聊天、看视频、打游戏。手机似乎变得无法割舍，而手机以外繁华、多彩的世界逐渐被忽视。

世界上最遥远的距离不是天涯海角，是我在你身边，而你却低头玩手机。不可否认，手机给我们带来了太多的方便，但同时渐渐地让我们忽视了面对面的感情交流。曾经的我们能围在一起无话不说，不知道从何时起，难得的相聚变成各自拿着手机沉默不语；曾经和爸妈在一起时，能陪他们聊家常，而现在我们总是拿着手机玩儿。好像最美的风景都在手机里，而忽略了身边的人，忘了与他们一起走过的路、看过的风景才是最美的。

适当放下手机，也放松一下心情，从虚拟世界回到现实生活中吧。好好关注一下身边的亲人、朋友、同事。同时，伸出双臂，拥抱一下最真实的自己，拥抱一下丰富多彩的真实生活。

芝兰之室

与善人居，如入芝兰之室，久而不闻其香；与恶人居，如入鲍鱼之肆，久而不闻其臭。和道德高尚的人交往，就像进入充满兰花香气的屋子，久而久之就闻不到兰花的香味了，这是因为自己和香味融为一体了；和品行低劣的人交往，就像进了卖臭咸鱼的市场，时间一长，连自己都变臭了，也就不觉得这里是臭的了。这说明环境对人有巨大的影响作用。如果是“芝兰之室”，我们可以在此修身养性；如果是“鲍鱼之肆”，我们就要远离。否则，我们就会适应这种不好的环境，甚至会感到麻木，深陷其中而浑然不知，直到不好的事情发生了，才后悔莫及。所以，寻找或打造一个充满正能量的环境，将直接影响人生的方向和事业的成就。

这一点，即拉开了彼此的距离

为什么有的人成了高管，有的人却只是普通员工？为什么有的人的出场费是十几万元、几十万元，而有的人却只有几千元、几百元甚至没机会出场呢？答案其实很简单，因为价值不一样。价值不同，带给别人的感觉和收获是不同的。仅此一点，便拉开了人与人、物与物之间的距离。何为真正的价值，价值是从哪里来的呢？

经得起打磨，耐得起寂寞，扛得起责任，负得起使命，人生才会有价值。看见别人辉煌的时候，不要嫉妒，因为别人在背后付出的远比你想象中的多。

人的价值和核心竞争力不是与生俱来的，而是千锤百炼的结果。“宝剑锋从磨砺出，梅花香自苦寒来”“不经一番寒彻骨，哪得梅花扑鼻香”“不经历风雨，怎么见彩虹”，这些耳熟能详的名言佳句，我们不仅要记住了、悟透了，更应该落实、践行到工作、生活当中。这样，我们才会变成一个有价值的人。这才是出类拔萃的密码，也是我们和别人拉开距离的核心资本。

没有实力，何谈高度

有时会有这样的感觉，打开手机，看着通讯录里成百上千个电话号码，却突然间又不知道谁是自己真正的人脉。有时想找一个人倾吐自己内心真实的感悟，想找个朋友助自己一臂之力，但那些所谓的高端人脉又似乎遥不可及。有时感到真的很痛苦，天天费尽心思去编织所谓的人脉关系，挤进所谓的大平台，但为什么关键的时候，一个也用不上呢？

这就是现实，很残酷，但很实际，也很公平。物以类聚，人以群分。如果自己不具有一定的实力，怎么可能会拥有高端的人脉、进入高端的平台，让自己的人生达到一个新高度呢？没有实力，何谈高度？

只有自己成长了，强大了，拥有实力了，才会有人真正重视你、尊敬你。

决定一个人高度的永远是自己的实力，这是事实，一起加油吧！

年龄不是落伍的借口

随着竞争的激烈，人们越来越感觉到学习的重要性。活到老，学到老的理念，也越来越被很多人所认可。但是，仍然还有很大一部分人觉得学习只是在校学生的事，认为自己都这个年龄了，没精力学习了。于是乎，随着岁月的流逝，很多曾经十分优秀的人被社会所淘汰，与年轻人也形成了难以逾越的代沟。

从表面看，代沟似乎是年龄造成的，但本质原因是有些人没有一种与时俱进的学习心态。像现在智能手机、互联网方面的基本知识和技能，并不是那么复杂。只要你愿意学，上至九十九，下到刚会走，都可以很快学会。只是很多人不愿意去学习，总是用年龄来为自己的懒惰找理由。如果不能时刻学习、成长、进步，如何能跟上时代?

与时俱进、持续不断学习，是消除代沟、跟上时代步伐的唯一方法。不要让年龄成为落伍的理由、懒惰的借口。

快乐的秘密好简单

塞翁失马的故事告诉我们凡事都有两面性，要用积极的心态面对一切。年轻人虽然有些幼稚、经验不足，但充满活力，敢于梦想；老年人虽然有些世故，腿脚也不太灵便，但经验丰富，老成持重，更有魅力。成功了固然很好，但失败了可以迅速发现自己的不足，未来可以取得更大的进步。一年四季都有魅力和不足，但我只欣赏春的浪漫、夏的热烈、秋的厚重和冬的高洁……正所谓，春有百花秋有月，夏有凉风冬有雪，若无闲事挂心头，便是人间好时节。只要心中有太阳，无论何时何地，都是阳光明媚。即使我们遇到痛苦的事情，只要有积极的心态，就可以开心快乐地面对，并且不断地成长和蜕变。

痛苦带给人们的未必就一定是负面效应。有时痛苦也孕育着希望，能感觉到痛苦，就说明还有知觉，还有活下去的希望。这样一想，痛苦岂不是一件令人开心的事情吗？

快乐的秘密好简单——积极面对。

请理解和尊重他人的喜好

生活中，有很多人在养宠物。养狗、养猫、养鸡、养鸭都好理解，但有的人却养蜘蛛、养蛇，有的人觉得无法接受。其实，人家喜好什么，我们应该充分理解和尊重。因为大千世界，不可能都是同样的声音，同样的状态。有人说：“这个人满身铜臭味，就喜欢钱。”人家就喜欢钱，张口闭口就是钱，又怎么了呢？那是别人的权利和自由。一个人喜欢什么，往往就会以什么来作为价值判断标准。

这就是一个人的价值观，很正常，你干吗非要他改变呢？

人生就是大舞台，常常是台下的觉得台上的人太可笑，台上的又觉得台下的人太可怜。只是每个人都是站在不同的角度，此处笑他人，彼处又被他人笑而已。

而且，没有人觉得自己有什么不好的。好与不好，都在别人的眼里。世俗的层面，价值就是一切。有用就好，没用就是不好。所以每个人活在这个世界上，只是被他人赋予了各种价值判断罢了。

此刻，你就会明白为什么很多高人，面对人世间的一切冷与热、亲与疏、远与近等，都能一笑了之或淡然处之。因为他们懂得了人的本质，所以才能寻得见内心那份真正的安静和轻松。

如何对待他人，他人便如何对待你

生活中我们都有这样的感受：当很多人在一起，需要排队购物或者购票的时候，如果大家都能彼此尊重，互相谦让的话，这个队伍的速度会越来越快。如果人人都想加塞，都想冲到前面去搞特殊化，那么队伍就可能会发生混乱、争吵，速度也会大大降低。最后耽误了别人，也影响了自己，搞不好还可能会因此引发一些不良事件。利他、无我等人生境界，说来简单，能真正落实在行动上，绝非易事。

你如何对待别人，别人也会用同样的方式对待你。你在帮助别人的同时，其实帮助了自己。只有多为别人着想，我们的生活之路、人生之路才会更久远、更精彩。

方向错了，再拼搏有何用

有个成语叫南辕北辙，告诉我们，无论做什么事，只有看准方向，才能充分发挥自己的有利条件。如果方向错了，再努力也只会起到反作用。用现在的话来讲，就叫方向正确，不怕路远。否则，我们越努力，越适得其反。所以，人的一生，一定要选择一个对的事业，选择一个对的方向，选择一个对的人。

一个企业，整天靠着物质的奖励来推动发展。某次企业遇到了巨大的瓶颈和挑战，员工的收入直线下降。在最需要大家齐心协力的时候，却树倒猢狲散。老板仰天长叹说：“为什么会这样，是我给员工的钱少了吗？”我告诉他：“正因为你只注重物质刺激，而从一开始就忽视了企业文化，即企业精神文明建设，大方向就错了。企业发展到一定程度，物质刺激麻木后，结果注定是失败的。”

如果追根溯源生活中的失败，可以发现它们往往都是源于一个错误的决定或方向。所以，我们在做任何决定、确定战略的时候，务必进行缜密论证和推敲，确保其方向的正确性。否则，所有的努力、拼搏都可能毫无价值。

让真阅读成就“长跑”的赢家

随着手机等移动端的出现和发展，人们的阅读兴趣逐渐转移到了一个小小的移动设备上，“低头族”数量越来越多。人们很难有耐心和兴趣去静下心来完整地阅读一本书。这对形成知识系统，培养高精尖人才，甚至对长远的人文素质发展，都是极其不利的。

对学生而言，只有培养阅读的兴趣和习惯，读够一定的量，才能开拓视野。

大量阅读是至关重要的。要多读经典，经过历史沉淀的书，往往都是名家大家的书，当然还要尽量选自己感兴趣的经典书。

宋真宗说：“书中自有黄金屋，书中自有颜如玉。”高尔基说：“书是人类进步的阶梯。”博尔赫斯说：“如果有天堂，那应该是图书馆的模样。”

如果实在不知道做什么，那就读书吧。

在名人传记里，体验不同的人生；在历史中，感受时代的变迁；在文学书籍里，修身养性；在心理学的书里，让自己身心更加健康。当然，还可以阅读一些关于建筑、收藏等方面的书。

人生是一场马拉松，不是百米冲刺，不能拿百米冲刺的速度来跑马拉松。引导孩子多读书，往往就能帮助孩子成为人生道路上“长跑”的赢家。

“精明”的社会里，“傻”点好

社会的发展越来越迅速，似乎每个人也变得越来越聪明，越来越有智慧。但有一些“精明”的人，总是在思考、计划着如何实现自己人生价值的快速提升或实现利益的最大化。总之，“聪明人”越来越多，“傻瓜”越来越少了。

如何看待这样的社会现象呢？我很欣赏曹雪芹先生在《红楼梦》中的话：机关算尽太聪明，反误了卿卿性命。这其中包含了深刻道理，也许很多人要用一生的经历去感悟。其实，我们只要稍微留心一下现实社会，就能发现太过精明、太会算计的人终究是鸡飞蛋打、一无所有，甚至有的连性命都搭上了。前段时间热播的电视剧《人民的名义》，里面很多人物的结局再次印证了这一点。

算计别人就是算计自己。而当有些人甘愿“吃亏”时，其实他已经赢了。

“精明”的社会里，还是“傻”点好。

“相信你”，好温暖的时刻

很多人在谈到当今社会的时候，未免有些太悲观。

我认为，这个世界上诚然有许多欺骗和谎言，但同样有着更多生生不息的仁爱、善良、慈悲以及毫无保留的信任。有一句话比“我爱你”更动人，那就是：我相信你！

每个人的一生，都会遇到必须咬牙挺过的难关。在你觉得毫无希望的时候，有人却对你充满信心地说：“我相信你！”那将给你提供多么大的正能量。

仍有很多人在遵守信用，不贪图便宜，保持着人和人之间的坦诚与信任。

现在生活节奏越来越快，人们越来越淡漠，社交网络把每个人都绑在一起，但彼此间却少有信任。让我们从我做起，从现在做起，多些信任，少些猜疑；多些美好，少些苛责。这样，我们一定能遇到更多热情的人，温暖的事，即使身处在忙碌的、快节奏的大城市，也有温暖的人情味！

这其实是典型的“自私”

近几天有些疲劳，睡眠不足，中午吃过饭想休息一下。刚入睡，突然一通电话打了进来，我迷迷糊糊地接起电话。对方说：“孙老师好，不知是否打扰到您，耽误您几分钟时间可以吗？”我哭笑不得，有这么征求对方意见的吗？但还是礼貌地回答：“你说吧。”哪知道这一通电话打下来，我根本就没有说话的时间，他也没有停下来的意思。就这样，他连续说了半个多小时，全是生活、工作中的鸡毛蒜皮的小事，想找我倾诉一下。最后他来了一句：“孙老师 ，耽误您休息了，其实也没啥大事，就是想和您聊聊，如果您觉得没什么，就当我没说啊。”此刻，我困意全无，却有种欲哭无泪的感觉。

生活中这类人不在少数，不管事情是大是小，是急是缓，从不考虑时间、场合，即使在深更半夜，也会打电话给别人。他们更不管对方是不是在休息，会不会打扰到别人，只管把自己的事情说出来。但凡对方回了：“不太方便”“明天再说”等，他们或许还会觉得有点受伤。

有人说：“这类人都很简单，心直口快、爱憎分明，从不藏着掖着，非常透明，充其量算是情商低了点，没有心机，是很容易相处的人。”乍一听，似乎很有道理，但你真的愿意和这类人相处并成为朋友吗？很多人的答案都是否定的。为何呢？因为这种人往往都将重点只放在自己的身上，只关注自己的想法感受，不想委屈自己，有什么想法都全说出来，有什么情绪都表现在脸上。他们只求“一吐为快”，却从来不会换位思考，考虑别人的感受，更不会想想自己说的话会不会伤害到别人，是不是必须说，如果要说的话，能否说得委婉一点，将对别人的伤害降到最低。

就像今天中午给我打电话的这位，他可以先给我发条短信或微信，探查一下我是否方便。这是人与人相处最起码的修养，与情商高低无关。我个人认为，情商低不等于心直口快，不等于太有“个性”，不等于爱憎分明。其实说到底，这种行为是以自我为中心，是自私的表现。这样的人都具有一个共同特点，那就是没有同理心，缺乏换位思考，不在乎也不愿意照顾别人的想法和感受。

要想公道，打个颠倒，如此一来，你还会自私吗？

别让知识中看不中用

记得几年前我参加过一个关于销售的讨论会，在讨论“什么是销售”这个话题时，现场讨论可谓异常火热，各种高论迭起，让人眼花缭乱。销售被大家称为一个系统、一个过程、一门艺术、一个链条、一场心理博弈，等等。讨论了半天，连我这个做了近20年销售的人，似乎都突然不知何为销售了。这时候，突然有一个人说：“我曾经也做过多年的销售工作，我认为销售就是把货送出去，把钱拿回来。”会场顿时安静下来，没一个人反驳，随之响起了雷鸣般的掌声。

把简单的问题复杂化，成了我们很多人的思维模式，似乎不把一些很容易解决的问题、很容易办到的事搞得异常复杂，就不足以证明自己知识的渊博，就对不起自己现有的名声和地位。

学习的目的是应用，而只有把学到的知识转化为实际的经验或技能，才能把复杂的问题解决了。否则，学再多的知识又有何意义呢？知识不是用来做无价值、炫耀式的辩论或争吵的。

知识可以给我们带来更多思考。但只有应用于实践，服务于生活，转化为真正的经验或技能，才可以帮助我们更快捷、更简单地解决问题。不要让知识变成中看不中用的摆设。

为何常说，淹死的都是会水的

人们常说："淹死的都是会水的；醉酒的都是能喝的。"这值得我们每个人去思考、去研究。既然会水，为什么会被淹死呢？既然那么能喝，为什么还会醉酒呢？

当你拥有一种技能、一种资源或一种工具的时候，你往往就容易在风险评估上过于乐观，甚至盲目自信，有时候行动就不够充分，应对措施就不到位。这样反而会加大风险，带来一些意想不到的后果。

这就提醒了我们，在做风险管理、风险评估的时候，我们不要过高估计自己的优势和拥有的资源等，才能够进行更加全面、更加深入的风险判断。因为我们所拥有的优势、资源，会在一定程度上限定我们的思维，使我们总是站在某一个角度固定地去看待这个世界，久而久之就会形成片面的思维、片面的观点。

在做重大决策的时候，我们要忘记自己的优势，去两手空空地看这个世界，这样才能看到更真实、更完整的世界。

不要被自己现有的优势和资源挡住了视线，而是要用更加宽阔的视野超越原有的高度。

“水晶鞋”必须摆放出来

当今社会知识更新迅速，人们需要持续不断乃至终生学习。打造学习型组织、学习型社会，更是势在必行。不交路费，到不了远方；不交学费，进不了课堂。学习是有成本的，要花费很多金钱去学习的时候，往往很多人就放弃了。因为学习很多时候是不能迅速转化为财富或生产力的，它需要长期积累。有些人觉得成本太高、周期太长，与其把这些钱花在学习上，还不如投在一些能快速回报的项目上。其实，这是一个误区。如何看待“成本”，尤其是学习的成本，其实是非常重要的，将直接影响到我们的核心竞争力。

有个卖鞋的老板，面对周围的竞争对手，想在门口的橱窗里摆一双高档的水晶鞋，但遭到了大部分员工的反对。

有人认为这双鞋成本太高了；有人认为要付出大量的安保费用；还有人认为没有人买得起。

在门店里摆放一双水晶鞋，有什么意义呢？但高明的老板却指出，摆放水晶鞋是非常必要的，因为这双水晶鞋有以下几个好处。

第一，展示了我们的实力。只有最有实力的企业才做得起，才摆得了这样的水晶鞋。

第二，吸引了关注。听说这里有水晶鞋，不管什么人，都可能想来看一看。

第三，制造了足够多的商业机会。因为来的客人多了，大家看完水晶鞋就会顺便看看别的鞋，有合适的就可以直接买了，营业额会大大提高。

第四，带来了更多的信任感。人家会觉得我们水晶鞋都做得这么好，这个企业的制鞋工艺一定是特别好的。

第五，也是最重要的，能够让我们在众多鞋店当中脱颖而出，一下子就被消费者记住。一说起有水晶鞋的那家店，大家就会想起我们的店，将形成持续的广告效应。

水晶鞋的制造成本、安保成本、维护成本确实比较高。但也带来了巨大的客流量，大大提高了企业利润。相比之下，这点成本还能算高吗？所以，哪怕水晶鞋卖不出去，依然要做一双摆在门店的橱窗里，这是必须付出的成本。

同样，学习虽然要付出一定的成本，但它可以让我们与时俱进，拥有持续的竞争力，去创造越来越多的财富。相对于这些结果来说，学习所需要的成本是微不足道的。而不学习的结果，就是被时代迅速地淘汰，这将远远超出学习应该付出的成本。所以，一切爱学习并走向成功的人士都有一个共同的感受，那就是，投资学习一定会获得回报。

不要吝啬在学习上的投资，“水晶鞋”必须摆放出来，那才是降低事业甚至人生成本的重要决策。

心量大的人，天天快乐

东坡先生曾写下这样的诗句：人有悲欢离合，月有阴晴圆缺，此事古难全。甚至还有人认为似乎人来到这个世界上就是受苦、受难的，其实不然。我们发现生活中有很多人无论走到哪里，都是笑声一片，能春风化雨，消融冰雪。人为何会有痛苦呢？难道快乐仅仅属于少数人吗？

痛苦与否，与生活、工作本身没有太大关系，而是与你的心量息息相关。海纳百川，有容乃大，这是一种心量；斤斤计较，锱铢必较，这也是一种心量。但心量大的人，天天快乐；心量小的人，将会感受到无穷无尽的痛苦。

开心时，想过让别人也快乐吗

生活中，有这样一类人，只要自己开心、高兴，想说什么就说什么，想做什么就做什么，全然不顾别人的感受。殊不知，他可能带给别人的恰恰是痛苦、是尴尬、是煎熬。这种人在生活中很难拥有良好的人际关系，更谈不上成就什么大业。有成就的人大都能在自己快乐的同时，让别人快乐。

一块金子和一堆烂泥，谁更好

总有人喜欢把别人分成三六九等，看不到他人的那份价值、那份美丽、那份精彩。其实，谁好谁坏，很多时候根本就不能一下子分辨清楚。每个人来到这个世界，都有其独特的地位和作用。世上没有垃圾，那只是放错了位置的宝贝。

一个学生也曾问我："老师，有人说我是天才，也有人骂我是笨蛋，依您看呢？"

我反问他："你是如何看待自己的呢？"

他当时一脸茫然。

我告诉他："假如这里有一碗米，在家庭主妇眼中就是几碗米饭；在面点师眼里就是一份糕点；但在酿酒师眼中却是一碗碗香喷喷的米酒。米还是那碗米，价钱可能有十倍的差距。同样，你还是你，你未来有多大的出息，要成为什么角色，完全取决于你怎么看待自己，如何定位自己。"

学生听后豁然开朗。

天下本无事，庸人自扰之。很多时候，烦恼、痛苦都是自己的心境造成的，最好的方法就是换个心境，换个思考方式。

金子好，但烂泥同样好。一切存在都是最好的安排。

“表扬式”批评更有效果

古人云：“良药苦口利于病，忠言逆耳利于行。”可我时常在想，良药一定要苦吗？忠言一定要逆耳吗？有一些药片，外面裹着一层糖衣，虽然里面的药是非常苦的，但有了这层糖衣，孩子们不但不拒绝，反而会很开心地吃下去，也不影响药物的实际疗效。一些人非常有智慧，他们在批评别人的时候，不是声色俱厉，而总是用一种非常委婉、得体且又让人很舒服的方式来表达。这样做同样能让人意识到问题的严重性，同样能达到预期的目的。“表扬式”批评反而会收到更好的效果。

在企业或团队的管理中，尤其是对待那些经常犯错误的员工，请记住“表扬式”批评永远比直接训斥更有效。我们不妨就做一颗糖衣裹着的“炮弹”吧！

多参与，多提高

社会竞争激烈，个人专业能力固然重要，但更重要的是让自己成为一专多能、综合素质很高的人才。这样会大大提升我们的竞争力。

在一次企业家论坛的联欢会上，一个在学习期间默默无闻的人，突然上台，声情并茂地演唱了一曲《门前情思大碗茶》，顿时惊艳全场。几乎所有在场的人都对他刮目相看，他瞬间成了大家心中的明星。联欢会结束以后大家纷纷主动地和他交朋友、递名片、留微信。一首歌，本来和论坛没有关系，但他多才多艺的一面，让人产生了情感链接，大大提升了他的个人形象。后面他也因此寻找到了很多的事业合作伙伴，更赢得了巨大的经济效益和事业的成功。所以，我们一定要在自己专业能力之外，尽量地参与更多的事情来提升自己的综合素质，这样才能够永远立于不败之地。

在日常工作中，除了本职工作，单位里的其他事情都应该主动尝试。如果什么事都不去关心，什么情况都以本职工作为挡箭牌有意推脱，久而久之，你就只能原地踏步，能力退化，当然更谈不上综合素质及竞争力的快速形成。

一屋不扫，何以扫天下

我们常用“志大才疏”“好高骛远”等词语来形容这样一些人，他们有满腔的热情、冲天的抱负，但是缺乏脚踏实地的精神和务实求真的态度。他们凡事不求甚解，特别是不愿意做基础的、细节的工作，最后大事做不来，小事不愿做。这类人，每当说起目标、理想等话题，都头头是道、热血沸腾，但没有用迅速而扎实的行动来为理想或目标付出、奋斗的那种心态，更看不到自身的问题。他们往往最后就是抱怨社会不公平，抱怨自己怀才不遇、无用武之地，其实大错特错。我们可以问问自己：我有“才”吗？我是真正的“英雄”吗？

东汉时有一少年名叫陈蕃，自命不凡，一心只想干大事业。一天，陈蕃父亲的朋友薛勤来访，见他独居的院内龌龊不堪，便对他说：“孺子何不洒扫，以待宾客？”陈蕃答道：“大丈夫处世，当扫天下，安事一屋？”薛勤当即针锋相对问道：“一屋不扫，何以扫天下？”陈蕃无言以对。

这个故事对于我们大家来说并不陌生，陈蕃不屑于打扫房屋，无非想显示自己欲扫天下的胸怀大志。这种精神固然可贵，殊不知，他没有意识到“扫天下”是以“扫一屋”为前提的。

凡事总是由小至大，成功需要日积月累，集腋成裘，任何事都有它的初始环节和基础步骤。要想“扫天下”，成就一番事业，必须从“扫一屋”做起，从当下做起，从身边的小事做起。否则，没有扎实的基础做后盾，即使有了点小成绩，也会因为这种“浮华、不扎实”而灰飞烟灭。

水低成海，人低成王

一个营销人员受了某个老板言语上的批评，回来之后非常气愤，说着说着突然拍案而起，说是要去找那个老板算账。我问他：“为什么非要这样？”他觉得如果不找回面子，以后再见面抬不起头。我淡淡一笑说：“你太高估自己了，你一出门别人就立刻把这事忘得一干二净了，怎么可能会一直记着呢？否则，你就不会是这个待遇。不要把自己看得太重了。”

我们一定要学会正确地认识自己，千万不要把自己看得太重。这个世界上，每个人都很重要，但是离了谁，地球都照样地转。一个人可以自信，但不要自大，更不能狂妄。

水低成海，人低成王。不把自己看得太重，其实是一种修养，一种风度，是一个人心智真正成熟的表现。

不要让“我以为”伤害了自己

早年看过这样一段话，大意是说：我是一切的根源，世间的一切喜怒哀乐与他人没有关系，与事情本身没有关系。当时我不太理解这段话的内涵。时至今日，我才领悟到这里面充满着大智慧，充满着正能量。它可以让我们忘却生活当中无数的烦恼，每天都能坦然地面对生活中的一切不太顺心的事情。的确，很多痛苦往往都是来源于“我以为”，来源于“自以为是”。

生活中，如果你被楼上的人洒了一身水，你很可能会对他大声叫喊，甚至大骂。如果天空忽然下雨把你淋了个透，即便你是一个脾气再不好的人，也只是自认倒霉，而不会大发雷霆。

很多时候，事情本身不会伤害你，伤害你的是自己对事情的态度而已。不要再被这种“我以为”或“自以为是”所左右，就会免受生活中的很多无谓的伤害。“我”是一切的根源，一念天堂，一念地狱。

你心灵的防线够坚固吗

很多人看过电视剧《人民的名义》之后，都不禁会问类似的问题：为什么那么多曾经非常优秀的人才，却慢慢地堕落，最后走向了人民的对立面，成了阶下囚？是什么让他们一步步走上了犯罪的道路？是什么让他们曾经坚强的意志防线，慢慢地崩溃了？曾经慷慨激昂、踌躇满志的人，为什么最后也会倒下呢？我认为，是人性的弱点。很多人忽视了这一点，才会招致“千里之堤，溃于蚁穴”的悲剧。

为何很多人大风大浪都过来了，却在阴沟里翻了船？“魔鬼”总是找人的弱点进攻。有些人，金钱是他的弱点，他见了金钱就不顾道义，不择手段；有些人，名气是他的弱点；有些人，权势是他的弱点……所以，我们要时刻保持清醒的头脑，既要认清自己的优点，更要清楚自己的弱点，及早堵上“蝼蚁之穴”，让心灵的防线、人生的堤坝永远固若金汤。

永远对规则充满敬畏

没有规矩，不成方圆。我去过很多企业做辅导，发现每个企业都有一套又一套的规章制度，但有些企业的管理还是一塌糊涂。为何有这么多规章制度，还会这么乱呢？很多人都是淡淡一笑说：“那都是给别人看的，根本没人执行，不起作用。”我问道：“难道领导没发现这种情况吗？”有人说了一句令人觉得非常可笑的话：带头破坏规则的往往就是他们。请问一个不按规则出牌的人，尤其是一个不遵守规则的领导会把企业带向何方？和一群懂规则的人在一起，是我们人生成功的关键。

任何事业，合作之初，要遵守大家一起定下来的规则，而不能因为是主要控制人就呼风唤雨，随意更改、践踏这些规则。尤其是领导层一定要以身作则，对规则怀有敬畏之心。否则，最后企业就会陷入混乱状态。

经营一家企业、开创一份事业，懂规则，讲规则，永远是第一位的。一个不懂规则的人，是没有办法合作的；一个不懂规则的人，是无法走向成功的。

所以，懂规矩、守规则，永远是我们做人、做事要遵循的原则。我们不仅要和懂规则的人在一起，更要做一个懂规则的人。这是立人之本、立家之本，更是立企之本、立国之本。

对规则，我们永远要保持敬畏之心。

过于依赖，必受伤害

有位智者曾说：“你越依赖、越专注、越喜欢什么，最后一定会被它所伤害。”

其实，很多时候，我们都太依赖于现有的知识或模式而形成固定思维，无法灵活变通。科技的发展，确实给我们带来了很多方便，但如果过于依赖它们，我们就会变成科技的奴隶，势必会丧失我们先天本有的东西。如果人工智能有一天全部取代人类的话，那可能就是人类灭亡的时刻。过于依赖，必受伤害。所以我们在分享科技成果的时候，永远不要忘记本我的、无穷的智慧和力量，这样才能保持我们应有的创造性和永续性。

成功的秘密

在这“大众创业、万众创新”的时代里，我们许多人心中都有一个成功的梦想，并为之而全力地拼搏、奋斗。但市场是残酷的，现实是无情的，我们看到了一批批的成功者走了出来，但也看到很多失败者纷纷倒了下去，甚至走上绝路……每当看到有人因为经营不善而家破人亡之时，我心里都会泛起阵阵的悲凉。都说商场如战场，其实，有时商场比真正的战场还要残酷。因为很多时候被打败了，你都不知道对手在哪里。当我们投身到这样一个创业大潮中，走在追求自己理想的道路上，就应该对风险或困难有充分的心理预期。否则，我们就很难抵御一些突发的情况。有的人百折不挠，越战越勇；而有的人却是一次失败，终生沉沦。心理的磨砺太重要了。

世上从来就没有随随便便成功，不经历风雨，怎么见彩虹？水浅则无大鱼，林稀则无猛兽，舒服的温室是很难造就人才的。无论环境多么恶劣，无论遭遇多少挫折，能够百折不挠，坚强地挺住，这就是成功的秘密。

不漏传，不误传

现代社会高速发展，互联网技术的兴起使资讯泛滥、信息满天飞。真真假假、虚虚实实的信息让人们眼花缭乱，往往很难在短时间内一下子分辨出信息的真伪。更有甚者制造假信息、贩卖假信息，引发一次次的传谣和辟谣，一场场的官司。这不禁让我想起了那句歌词：借我、借我一双慧眼吧，让我把这纷扰看得清清楚楚、明明白白、真真切切。

在日常的工作、生活当中，我们必须要擦亮眼睛，提升智慧。看到的都未必是真实的，何况是道听途说的呢？尤其是一些重要的甚至敏感的信息，特别是间接途径获得的信息，可能不可靠，务必要经过反复求证，要懂得辨别信息的真伪。不要以讹传讹，做到不谣传、不误传。否则，轻则影响我们的信誉，重则可能带来无法弥补的损失，甚至需要承担相应的法律责任。

理论与实践相结合，创造精彩事业

理论来源于实践，然后又指导实践；用实践丰富理论，再指导实践。这是很简单的一个循环，似乎人人都能理解。但实际生活中，有的人慢慢地脱离了实践，变成一个“纯理论家”，说起来头头是道，一旦回到实践中，却是一塌糊涂。“纸上谈兵”的故事早就提醒我们，不能仅仅只停留在理论层面上，必须理论和实践紧密结合，才能创造精彩事业。否则，后果往往是不堪设想的。

只有大量的实践才会创造出丰富多彩的生活，才能够不断地丰富我们的理论。否则，理论必将成为无源之水、无本之木，会严重阻碍事业发展。只有理论与实践相结合，才能发挥“珠联璧合”效果。

心若定，世界定

近期我因为独立运营了一个平台，引来了很多人的关注和评论，这些评论正面、负面的都有。对于那些负面的评论，我总是一笑而过。有人说我太包容，甚至说我太软弱。包容不好吗？敢于直面负面评价又怎能说是软弱呢？我只知道要心存善念。

善良的人从来都是心胸坦荡，不会欺天瞒地，也不会耍阴谋诡计。“是非日日有，不听自然无。”当我们能时刻保持一份清静自然时，纵然别人在你面前议论纷纷，你也能当作听不到。这样，你的人生自然不会有那么多的是是非非，因为你有自己的态度，不被他人的负面情绪所干扰。

菩提本无树，明镜亦非台，本来无一物，何处惹尘埃？

心若定，世界定。

成功与否都是暂时的

有一天我接到了两个推销电话，一个关于如何提高信用卡额度；另一个关于如何进行全方位包装，让自己迅速成为“网红”。

成功是每个人心中的目标，虽然评判标准不尽相同。很多人想寻找成功的捷径，于是“成功学”应运而生，令无数人陶醉其中，不能自拔。到头来才发现，所谓的成功秘诀，不过是套话罢了。

其实成功的要素就两点：一是做事成功，二是做人成功。做人不成功，成功是暂时的；做人成功，不成功也是暂时的。要做事，先做人。丘吉尔先生曾表示：成功根本没有秘诀，如果非说有的话，就只有两个——一是坚持到底，永不放弃；二是当你想放弃的时候，请回过头来再照着第一个秘诀去做。

所以，成功与否，都是暂时的，关键是建立在什么样的前提之上。

“鱼”和“鸟”的境界

总有人时不时地抱怨他人、抱怨环境，甚至抱怨现实，总是忍不住批判一下。这是一种非常可怕的现象，说明其被当下所累，几乎忘记了还有诗和远方。

洪应明在《菜根谭》曾说：“鱼得水逝而相忘乎水，鸟乘风飞而不知有风。”意思就是说，鱼在水里自由自在畅游，而能忘掉水的存在；鸟乘风飞行，而不知道有风的存在。如果我们能清楚地认识到这一点，不为环境所累，就可以活得轻松开心，顺其自然。

正所谓“放下即可轻松”，可又有几人愿意放下已经拥有或即将拥有的东西呢？总是渴求的事物太多，而愿意放下的事物太少；被世事干扰的人太多，而清静无为、心境澄明者太少。心宽一寸，路宽一丈。若不是心宽似海，哪有人生的风平浪静呢？

愿你有好运气，如果没有，那就在不幸中学会坚强；愿你被很多人爱，如果没有，那就在寂寞中学会宽容。

比知错不改更可怕的是什么

一位家长给孩子花了很多钱报各种兴趣班、夏令营等。孩子确实有进步，但总是维持不了几天。最终看不到孩子有多大的变化，家长也很苦恼。

其实改变孩子最关键的按钮，是父母改变。否则，就是“5+2=0”的结果，即一周有五天在校学习，虽有一定的成果，但周末回到家里两天，习得的好习惯几乎被忘光了。

父母的影响是巨大的，但没意识到这一点的父母不少。

比知错不改更可怕的，是不知错在哪里却要瞎改。在根本还没有搞清楚问题出在哪里的情况下，就开始反反复复瞎折腾。最后的结果往往就是出力不讨好，只能感动自己，却感动不了别人。凡事要学会抓主要矛盾，只有清楚问题的根源在哪里，才可以做到对症下药。

学口才，警惕某些误区

仅仅这几年，走进我的“魅力演说班”的学员就多达数千人。他们表达的精彩度与公众演说的能力都得以大幅度提高，甚至很多学员都已登上百人、千人乃至万人的舞台，成了受人尊敬和爱戴的演讲者。

但也有学员令我感到遗憾。因为其家人和我通话时说，这个学员自从学完演说课程，口才确实长进了，但全用到和家人争吵、辩论甚至强词夺理上了。早知今日，还不如不学习，也没有这样的“灵牙利齿”了。说实话，对于此类问题，我感觉不仅是遗憾，更是痛心。口才就像一把刀，用好了是工具，否则，就可能成为伤人的利器。

好口才是人人都应该具备的，否则，你可能永远都是个秘密，无法被他人了解。但口才不是用来争辩、争吵甚至攻击他人的。忘了学口才、学演讲的初心，如何能成长进步，实现自身发展呢?

就算你的观点是正确的，也不要过多争辩，步步紧逼，否则也是断了自己的退路；就算你是优秀的，请不要肆意卖弄，否则别人会远离你；就算你感到痛苦，也不要逢人就倾诉，谁都有自己的烦恼，莫把朋友说成了陌生人；就算你是寂寞的，也不要说个不停，不妨在孤独中沉淀自己，人生本来就是扎根于寂寞的土壤里。

人生的“磁场”很奇妙

为何会有一见钟情，为何看到某人就会感到莫名其妙的烦躁，为何会有“良禽择木而栖，贤臣择主而事”的千古名言？因为人和人之间存在“磁场”。

这种“磁场”虽然看不见，摸不着，却会不断向外传递你的三观和喜好。“磁场”相近、三观一致的人会自动靠拢；反之，即使认识数十年，也无法交心。“磁场”相似的人，即使翻山越岭，也终会相聚在一起；否则，即使朝夕相处，也似乎形同陌路。所以，有些人，第一次见面，就仿佛相识数年的老友，即使相见无言，也觉得异常温暖；而有的人，再怎么联络，都绕不过心灵的隔阂，说了千言万语还是免不了觉得生疏。

这种“磁场”无形无相、无色无味，但它却有爱有恨，有强有弱。“磁场”相近，倍感舒服；“磁场”不同，备受折磨。漫漫人生路，如果能有一位“磁场”相同的爱人，有几个“磁场”相近的朋友，便是最大的幸福。

干嘛要那么“快”？淡定一点

现如今，似乎什么都要讲究速度。吃饭有“快餐”，学艺能“速成”，寄件用“闪送”，汇款要“秒到”……“快”仿佛成了一种时尚，一种潮流。甚至有的年轻人觉得，如果自己在短时间内没有做出成绩，仿佛一生都不再有希望。于是，他们很难耐得住寂寞去踏踏实实做事情，而浅尝辄止的后果就是一无所获。

曾几何时，日子很慢，收到远方亲朋好友的一封信就欣喜若狂。如今有些人几分钟不刷一下微博，不看一下微信就心烦意乱。古人那种“采菊东篱下，悠然见南山”的淡定，“宠辱不惊，闲看庭前花开花落；去留无意，漫观天外云卷云舒”的淡然，快要消失得无影无踪了。随着生活节奏越来越快，我们也渐渐失去了一些快乐。失去“快乐”的生活，再“快”又有何意义呢?

保持淡定的心态，耐得住寂寞，不单单是一种精神状态，更是生活应有的常态，同时是一种应有的人生态度。“慢”也是一种快乐。

是文化人吗？看一言一行即可

“一个真正的文化人，应具备四种素养：根植于内心的修养；无须提醒的自觉；以约束为前提的自由；为别人着想的善良。”

这句话说得确实透彻，被很多网友转发传播。但有些人似乎只是转发，依然我行我素，这句话根本没有真正影响到他的言行。他是沙子，这句话是水，没能融合啊。学习的目的是应用，只有做出改变，才能真正成为一个有“文化”的人。

不需要别人提醒，就尽可能为别人着想、帮助他人，才是一个言行一致的文化人。

善良的回音

“但行好事，莫问前程”，揭露了探求生活幸福的秘诀和成功人生的真谛。但很多人终其一生也未解其中真意。有的人为一己之私，机关算尽，坑蒙拐骗，最后却一无所有，在抱怨、愤怒甚至仇恨中老去，人生的意义何在？

我有一个朋友，他每年都会偷偷资助几个家庭困难的高考生，一直是别人替他联系，他从来不让被资助的学生知道自己是谁。我很不解，问他原因。他说：“一是为了维护孩子们的自尊，让他们有尊严地接受帮助；二是不让他们有思想负担，想着以后报答。”我好奇地问：“那你图什么？”他说：“快乐和安心。”

这些年，他的公司一直做得很顺利，由小到大，由弱到强，这一切都离不开身边无数人的支持和帮助。他做好事，很少有人知道，真的不是为了扬名，只是让自己快乐和心安。人们常说：“人存善念，天必佑之。”这个“天”，我认为就是你周围的环境。

生命是一种回声，你把善意给了别人，终会从别人那里收获更多的善意。无论你对谁好，从长远来看，都是对自己好。一花一草一木都在对你微笑，每件事都顺风顺水，身边的人越来越喜欢你，这些都是善良的回音。

生活中的一记响亮耳光

每当谈起了世态炎凉、人情冷暖，大家都有很多感慨，主要还是表达一个意思：没想到谁会这样对我，没想到谁会做出如此不靠谱的事……说完了，都是一副失望、痛苦的表情。

其实，大部分人失望，都因为高估了自己在别人心中的位置。

正因为如此，我们才会依赖他人，渴望被爱，对他人的背离难以释怀。于是开始感慨多年的朋友，怎么在关键时候那么势利；有血缘的亲戚，怎么经不住利益的考验……但是这世间，根本没有什么理所应当，只能说你太想当然了。

如果有人让你失望，那不过是生活中一记响亮的耳光，提醒你不要高估自己和任何一个人的关系。亲疏随缘，爱恨随意。人与人相处，最好的心态莫过于你想来，风雨多大我都去接你；你要走，我就不留了。

成功从来就没有捷径

南宋诗人范成大曾说："若将世路比山路，世路更多千万盘。"

成功从来就没有捷径。人心险恶，世事多变，所有光鲜的背后，都有不为人知的辛酸。要清楚，那些发光发热的人，也曾挤在地铁里背着单词；也曾在被批评后，默默擦干委屈的泪水，继续拜访客户；也曾拖着疲惫的身躯，孤独地走在空旷的街巷里……谁不是一边追求着光和热，一边被现实打击？如果只努力了一两次就因为委屈、寂寞、不被理解或是因为看不到希望而消沉，就此放弃，又怎么会等到机会出现，爬上人生巅峰呢？我经常开玩笑地说："很多老板的肚子都是被委屈撑大的。"

在生活中，能够始终保持一颗必胜的心，才会看到无比光鲜、亮丽的自己。

务必给孩子一生的“财富”

经常有家长让我帮忙参考孩子高考后的专业或毕业后就业的方向。在这个过程中，我发现很多父母没能与时俱进，甚至非常落伍。社会飞速发展，而很多新兴的行业，他们根本没有听说过。

一个孩子告诉我：“我爸妈眼里，世界上只有五类职业，分别是公务员、医生、老师、国企员工、商人。只要不属于前四类的，统统被他们称为商人。前几年他们甚至连商人都不说，直接称为‘个体户’。”

有的父母在一个传统行业里打拼了一辈子，却不得不面对行业日渐衰落、新兴行业冉冉升起的事实。到头来，孩子想要更好发展，还是要去新兴行业打拼。父母积攒了一辈子的经验根本用不上，很是无奈和痛苦。

为人父母者，要与时俱进，不断学习，更关键的是在和孩子共同成长的过程中，务必坚信一个道理：行业、平台固然重要，但在孩子未来的发展中起决定性作用的，还是面对风雨、面对困难坚韧不拔、自立自强的精神。

你喜欢凡事太认真、太清晰吗

小时候，老师常说世界上就怕“认真”二字。凡事都要有探索精神，务必搞得清清楚楚，千万不能稀里糊涂、囫囵吞枣。我一度认为，只要具备了认真的态度，一切困难都将迎刃而解，自己会一生幸福。于是，我以此为准则，努力去做。

但随着年龄、阅历的增长，慢慢地我对它有了新的认识和理解。如果凡事都认真，都要搞清楚，也未必都是好事。

很多事，往往是不知道比知道要好，不灵通比灵通要好，不精明比精明要好。这大概就是“难得糊涂”的境界。人生本来就是“糊涂”的，快乐和幸福就藏在其中。一旦太过清醒，可能一些快乐和幸福，也就烟消云散了。

懂得平衡

如何把握慷慨与吝啬、积极与消极、智慧与愚钝等状态之间的平衡，做一个非常完美的人呢？要想做到，确实有一定的难度，但这又是我们不得不面对的。说到底这就是一个“度”或“分寸”的问题。

人最容易犯的错误，就是从一个极端走向另一个极端，就像“一朝被蛇咬，十年怕井绳”。过犹不及或矫枉过正，都是不好的做法。做任何事情都要懂得平衡，不能走向极端。

虚怀若谷

有的人之所以受人尊重，是因为他谦逊低调、虚怀若谷。反之，一些人没有朋友，被人们所忽视，往往是因为他们狂妄自负、不可一世。

有的人认为，谦逊低调是会吃亏的。但现实生活中真是这样吗？恰恰相反，狂妄自负的人或许会得到一点便宜，但最终几乎没有太成功的。更有甚者，还应了那句话：要让你灭亡，必先让你疯狂。

狂妄自负是会付出代价的。尤其是目中无人，仰面朝天时，很容易忽视脚下的路，摔得体无完肤、狼狈不堪。

最佳选择

在高考后学生选学校、报专业时，无数的家长伤透了脑筋，但无数的考生更是被折磨得欲哭无泪。因为许多家长按照自己的想法，要求孩子去做各种各样的选择，稍不顺从，就说孩子不懂事，无知任性。

其实，每个家长都了解自己的孩子，都那么与时俱进、高瞻远瞩吗？家长的选择真的就是孩子未来想要的答案吗？

生活从来就没有既定的答案，你给别人的选择，往往只是你想让别人选择的。这只是一种建议，并不代表别人一定会按照你的意愿来选择。只有多交流、多沟通，达成共识、同频共振，才能做出最佳选择。

这份感觉，比中奖还开心

一次我打车，到公司楼下却发现手机没电自动关机了，车费 22 元，而我只有 10 元现金了。我向司机提议加个微信，上楼充上电就转账过去。起初司机拒绝了我的提议，但僵持了三四分钟也没有更好的解决办法，司机只好同意。

我一下车就跑上楼充电，一开机便通过好友验证，迅速将车费转了过去，还向司机表达了感谢之情。可司机师傅却发语音过来说：“我应该感谢你。像今天这种情况，我已经遇到过 6 次了，只有 2 个人真的把钱转过来了。”听完司机师傅的语音，我一时竟不知说些什么。

司机师傅是善良的，在被欺骗这么多次后还能对这个社会保留一份善意，还能再次将信任交于我，这很了不起。

我相信师傅跟我一样，打心底觉得比中奖了还开心。因为这是当下社会的一份温暖。这位司机的信任，让我更加坚定了一点：遇到善意就要传递善意，让每一个小小的善意形成“蝴蝶效应”，来温暖这个世界。

为谁而工作

每个人每天都在忙忙碌碌地做着很多的事，开心快乐倒也罢了，关键是很多人做事时总是爱抱怨、生气。这是因为，他们总有一种替他人工作的想法。这类人注定平平淡淡，既无益于单位，也害了自己。

其实，每天努力工作，并不都是为他人、为老板、为公司，也是为了自己的成长与进步，为了实现自己的理想与抱负。

人的一生会做无数事情，不要总是抱怨辛苦劳累，更不要说是在为谁干活。其实，人生的每一件事都是为自己而做的，要做就要做到最好。害人如害己，帮人如帮己，这是千古之道。

演好这个角色，永不退休

人不可能独来独往，总是会生活、工作在或大或小的团队、平台之中，因而成为何种角色是非常重要的。是成为一枚可口的“开心果”、一个温暖的“小火炉”？还是成为别人心中一只嗡嗡的“苍蝇”呢？这取决于我们自己的一言一行。

人与人之间相识并不容易，做个有热情、有胸怀、有温度，走到哪里哪里亮的人多好。

人一生注定会成为很多角色，但有一个角色，一定要好好出演，永不退场，那就是成为亲朋好友之间的调味品，使他人因自己而收获快乐。这样的人，才会真正拥有魅力和风采。

心存定力

面对诱惑，只有保持清醒的头脑，心存无限的定力，才能做到荣辱不惊、去留无意；才能运筹帷幄、决胜千里。知止而后有定，定而后能静，静而后能安，安而后能虑，虑而后能得。这就是“静能生慧”的道理。

心存定力，才能开启幸福、精彩的人生。

这不是绝路，往左往右都是路

我准备了很长时间，花了很多心血起草的课程体系说明，没想到在发送的过程中，因为操作失误，瞬间化为泡影，且无法恢复。顿时我有种要疯掉的感觉，那么多的付出，就这样付诸东流了，情绪坏到了极点。但很快我又淡定了，因为我想起了经常教育学生的话：一切都是最好的安排。于是，我静下心来，重新构思、重新起草，又顺利完成了说明，甚至比丢失的那一稿要完善、精彩了很多。

学会放弃或放手，并不代表承认自己是失败的，只是再找条更美好的路走。放弃了恨，留下的就是爱；失去了枝头的绿叶，却得到了丰硕的金秋；失去了太阳，却换来了繁星满天。

不是路已走到了尽头，而是该转弯了。这不是绝路，因为往左或往右还都有路。

水滴石穿

有一天，我连续在几个微信学习群里做了半小时左右的即兴演讲，结束后，有位学生问我：“老师，你觉得哪个群里讲得最好，或者哪一段讲得最好？”说实话，我还真没注意这个问题，因为我从不刻意去突出哪一场或哪一段，让它出奇制胜，一鸣惊人。我追求的是每天进步一点点，日积月累，所有呈现的内容和状态能比别人强那么一点点，就非常满意。

真正的高手，一定要保持能力的稳定性。不要因一时的得意或失意而情绪剧烈波动，要稳定地“输入”，稳定地“输出”。每天提高一点点，再前进一点点，到一定时候回头一看，你会发现，自己已经走出了很远的距离，达到了很高的境界。

不要一直假装努力

职场里，有的员工非常勤奋，甚至是第一个上班，最后一个下班；电脑里、手机里存满了在网上收集的各种学习资料，专业类的书籍时刻放在电脑边；而且心态乐观，从不抱怨，随时能见到他和小伙伴们相互加油打气。但就这样的人，却被解聘了。因为他的努力，很不走心。

公司曾有这样一位女孩，虽然她8点半之前就进了办公室。但泡咖啡、吃早餐、浏览网页等杂事占据了她不少时间，她真正投入工作在9点半之后。而且她电脑上的QQ和微信页面一直打开着，她放在键盘上的手指几乎没有停过，只不过她在聊的不是工作，而是一些生活中的琐事。储存的那些学习资料，她从来没有打开过；那些放在电脑旁边的专业书籍，几乎都是未拆封或者拆了却没看过。她的加班，其实只是弥补了她浪费掉的工作时间，并不是勤奋使然。她的努力，只是一种假象。

假装努力最能消磨人的意志，让人变得拖延，并且无法专注。假装努力，只会变得更加懒惰和不思进取。

最终，那些我们不知不觉中辜负了的时光，都会变成生活中的难堪，再来辜负我们。其实，这种用身体在努力，而不是用脑、用心在努力的错误，每个人都会犯，但不是每个人都能有所察觉。但愿你不是那个假装努力而又浑然不知的人。

莫做可怜的看客

大多数人都有一种“事不关己，高高挂起”的心理。甚至有人将其视为为人处世的关键。这是典型的看客心理。试问如果世间人人都是看客，还有谁会见义勇为、舍生取义？到头来，自己可能也成了别人“看”的对象。

大而无外，小而无内。人到难处帮一把，马到难处莫加鞭。因为，谁也不是旁观者，谁也不是局外人。

永远保持清醒的头脑

一个人受人尊敬、仰慕，重要的品质之一就是永远保持清醒的头脑，公私分明，绝不越雷池半步。很多贪污腐化的人往往是头脑不清，公私不分，把公权当私权，把公款当私钱，把组织给予的光环误认为自己发的光。其实，自己就是个月亮，离开了太阳就是漆黑一团。只有认识到这一点，才能真正珍惜太阳的光辉。

千里之堤，溃于蚁穴。想成大事者，务必正确对待公与私、情与理、理与法……这看似简单，却容易糊涂。这绝对不是一桩小事，而是衡量人品好坏的重要标志。

请不要轻易说“我知道”

每当我们想去指点或纠正孩子及身边朋友的时候，他们往往都会说“我知道”。但真正让他具体说说的时候，他又很难讲清楚。正所谓眼高手低，知道未必悟到，更不代表能做到。太多的人停留在盲人摸象的层面上，总用自我的片面感觉来判断整体的事物，总是用表面的现象去代替背后的本质。看见不同于观察，前者“走眼”，只能看到表象；后者“走心”，可以看到本质。

所以，对于自以为了解的东西，人们往往最容易丧失观察的耐心。也正因为如此，才会有不少人觉得“近处无风景，身边无伟人”。这恰恰是生活中常有的误区之一，如不能清醒认识这一点，我们会错过很多人生的贵人或亮丽的风景。

让子弹多飞一会儿

有些人特别是一些领导，动不动就和家人或属下口若悬河地理论起来、辩论一番，没有应有沉稳及儒雅。其实，好口才不是整天喋喋不休，更不是大呼小叫，这很让人讨厌。尤其是领导层，搞不好就会“以塞忠谏之路也”。有时沉默是金，能让你看清很多问题原本的面目。

无论是谁，无论何时何地，未必非要滔滔不绝才能显出自己的本事。让子弹多飞一会儿，也许能看到更多的风景。平时不露声色是为长远观察问题，蓄积力量。这样不但能够预见未来，更能够掌握适当机会，运筹帷幄，决胜千里。

夫唯不争，故天下莫能与之争

“失败是成功之母”“胜败乃兵家常事”“塞翁失马，焉知非福”“吃亏是福”“吃苦就是吃补”……这些智慧言语，都是在告诉我们一个道理：人要有长远的眼光，不能因一时失意或挫折而心灰意冷、自暴自弃。

生活中唯利是图、不愿吃亏的人不在少数。但纵观古今，横观当代，那些自以为聪明的人最后又如何呢？答案自明。倒是那些敢于吃亏、甘于吃亏的人，到头来不但不会吃亏，还往往可能胜出一筹、收获更多。

夫唯不争，故天下莫能与之争。

为自己留点余地

一个人说话，不要那么满，何不为自己留点余地，免得尴尬难堪？水满则溢，月满则亏。

归师勿掩，穷寇莫追。道理是相通的，与人交往中，特别是面对对手时，我们总是容易把话说太满，把事做太绝，以至于没有回旋的余地。实质上，断了别人的路径，自己的路也就到头了。敲碎别人的饭碗，自己的饭碗也差不多快没了。不让别人为难，也是不让自己为难，为别人留一条路，自己才不会陷入绝境。

不要让他来得快，去得也快

前几天我看到一位学生情绪很低落，问其原因，才知道他被一个所谓的好友给忽悠了。用他的话说，那可不是一般的好友，是他认为可以信任、相处一辈子的人。但进一步询问才知道，他们相识时间很短，对方确实很热情，两人有一见如故、相识三生有幸的感觉。于是，在对方张口借钱的时候，这位学生不假思索就给了。但到了约定的还钱时间，对方不但没还，连电话也不接了。

这事确实让人难过，这位学生也值得同情。但于事无补，我只能安慰他：“刚认识就很热情的人，往往都带有目的。那些十倍速亲近你的人，也可能会在未来某个时刻，十倍速离开你。”

不要太着急爱上一个人，也不要和一个人熟得太快。因为太快还来不及了解，有时候来得快去得也快。

大饼真好吃，烙张大的

经常带朋友去一家饭店用餐，每次都会点一个“手撕饼”。人少时一张足矣，人多时，一张就不够吃。某次和几位朋友在那家饭店聚餐，点菜时我随口说：“烙张大的，我们人多。”服务生笑着说：“先生，我们的锅只有这么大，只能多给你烙一张啦。”

听了这话，我突然想起了一句谚语：再大的烙饼也大不过烙它的锅。仔细想想，确实有道理。你可以烙出大饼来，但是你烙出的饼再大，也得受烙它的那口锅的限制。

我们所希望的未来，不就好像这张饼一样吗？能烙出多大的饼，完全取决于烙它的那口“锅”，也就是“格局”。一个人能走多远，取决于他的格局有多大。最有成就的棋手，一定不为一兵一卒斤斤计较，不为一时成败纠结难平。

所谓格局，不过就是能够放眼未来的利益，而不是看眼前的得失。不谋全局者，不足谋一域；不谋万世者，不足谋一时。

你可以永远保持正能量吗

人有悲欢离合，月有阴晴圆缺，此事古难全。想一直保持一种情绪状态是很难的，一个阳光、快乐的人，偶尔发火，也是很正常的。

成年人有两副面孔，人前总是生龙活虎，若无其事，谈笑风生，咬紧牙关去拼命；人后才会脆弱敏感，心事重重，甚至偶尔也会情绪难控。

大家喜欢正能量的人，可几乎没有人能做到永远正能量。压抑自己，控制情绪，掩藏脆弱，只会让人身心俱疲；放任负面情绪蔓延，一味抱怨，又会让自己陷入黑暗。

如果没有能力完全消灭负能量，务必要有拥抱负能量的胸怀和力量，才能让自己活得更轻松、健康、真实而自然。

自行车骑慢了，为何容易摔倒

生活中凡事都在讲究速度，所谓“时间就是效率，效率就是生命”，就是在强调一个“快”字。但一味追求“快”，可能导致粗制滥造的东西越来越多，能够流传后世的大师级作品越来越少。让所有人叹为观止的文物，很多都是古人们用一生的心血创作出来的，绝不是追求速度的草草之作，其中蕴含的是创作者的精力和智慧。

看见一个学生绕着操场飞快地骑着自行车，我就大声喊着：“骑慢一点，骑慢一点。”但自行车飞快地从我面前驶过，怎么都慢不下来，当他真的要慢下来的时候，却摔倒了。事实就是这样，做很多事情，慢比快更需要技术，需要花更多的工夫，更考验一个人整体的能力。

当世界天天新、日日变，令人眼花缭乱。大家都在一路狂奔、往前追逐的时候，我一直告诫自己要经得住诱惑，耐得住寂寞，做真教育，真做教育。

人生有很多美好的东西，都不是快速打造的，而是用我们的精力、耐心创造的。不管走到哪里，不管去做什么，都不要让自己的心空了。心空了是多少黄金都填不满的，心空了陷阱无处不在。怎么可能再创作出精品、上品、绝品呢?

擦亮眼睛

疫情的防控，成了 2020 年举国上下的工作焦点。对此，绝大部分国人以各种不同的方式支持、赞美奋斗在抗疫一线的医护人员们，给了他们非常大的信心和力量。

但也有极少数的人，制造网络谣言、散布虚假消息，给社会带来了一定的负面影响；还有一些不法分子，投机成性、哄抬物价，高价出售重要的防疫物资，最终被查处。不知道这些人是怎么想的，不为防疫工作出力也就算了，为何在国家最需要支持的时候，“趁火打劫”呢?

眼睛是心灵的窗户，口乃心之门户。心胸狭隘之人，只能看到他人的缺点；贪财好色之人，总是盯着钱袋和女色；喜欢无事生非的人，总是紧盯着别人的小错误，准备大做文章。这些人，稍有不顺，就满腹牢骚，消极抱怨，却从来不去思考如何解决眼前的问题和矛盾。

相反，光明磊落之人，眼里看到的是公平和正义；宽容大度之人，眼里看到的是希望和未来；言出必行之人，眼里看到的是诚实与守信。

对于这些宵小之徒，第一要学会分辨，第二要设法远离。

坚守道义之人，必有浩然正气，请务必擦亮眼睛。

看"外人"和"内人"的差距

在春节这样阖家团圆的日子，人们是开心、快乐的。但在这一年一度的相聚中，依然有一些家庭会生出矛盾，家人间闹起别扭，个别甚至恶语相向，大打出手。他们很多人在企业里、在社会上，说话做事彬彬有礼、温文尔雅，怎么一回家就变成另一个人呢？

这让我想起了很多学生经常问我的一个问题："老师，为什么很多人对外人始终能和颜悦色，对家人却做不到呢？"这样的事，在我们身边或自己身上，不也时有发生吗？

在企业里，领导、同事帮助了我们，我们都会表示感谢；在家里，我们做到了吗？恐怕很多人都没有吧。许多人认为亲人之间的关照是应该的，不需要"客套"。但果真如此吗？

从今天开始，请多肯定、多赞美、多感谢家人为你的付出，这才是"家和万事兴"的根基。公司一位优秀的女老师前段时间还告诉我："人都是喜欢被肯定、被赞美的。你看我都 40 岁了，父亲表扬我一句，我还是会高兴好几天！"

永远别忘了这句话：你能伤害到的，往往都是最爱你的人。因为他们爱你、疼你、包容你。

其实，一个人的品性，通过他对外人的态度是很难看出来的，从他对家人的态度上才更容易判断出来。比如，能把父母放在心上的人，多数生活中也很温暖，人品自然不会差到哪里去。人最高级的教养，从来不是对外人保持好脾气，而是能在家里，对父母长辈、对兄弟姐妹、对爱人、对孩子，始终保持好的情绪。

有人说：“对自家人发火好像也不是故意的，但总克制不住。”如果对亲人的挑剔是“本能”的话，那么克服它，做到对亲近的人不挑剔、不苛责，则是一种真正了不起的教养。希望大家在今后的生活里，学着把自己最好的情绪，留给我们最亲近的人。

身在福中不知福，是在说你吗

2020年的春节，因疫情防控，显得不太热闹了。人们基本都是待在家中，不给社会“添乱”。人们有了更多的机会来谈论事业、婚姻及家庭等，其中，幸福感是绕不过去的话题。

我们平时确实没少谈论这个话题，但总感觉，似乎很少有人拥有真正的幸福，不少人疑惑：为何曾经那么艰苦的生活，那么低的收入，那么简单的年夜饭，人们却有无限的幸福和美好的回忆？而今天的生活有了翻天覆地的变化，为何却找不到曾经的那份幸福、那份期盼，甚至还有种莫名其妙的迷茫和烦躁了呢？

时代变了，生活富有了，幸福感却少了，难道幸福感和物质财富、经济繁荣成反比吗？肯定不是，否则，为什么大家要努力工作呢？

归根结底，不是社会出了问题，而是“心”出了问题。互联网打开了我们的视野，却无意间引导着人们去关注自己没有的，而不在乎已经拥有的。长此以往，人们变得痛苦、纠结、失落，怎么会有幸福感呢？

“幸福盲”会把绚烂的世界变得模糊。不要身在福中不知福，只要留心观察，你就会看到被潜藏、被遮掩、被忽略、被遗忘的幸福。

明明很幸福，为何总是自怨自艾？幸福与他人没有关系，重点在于自己的“心”。其实，我们每个人都有属于自己的小幸福。擦亮眼睛，用“心”体会，就会发现，我们很幸福，而且将一直幸福着。

请多些“言而由衷”的朋友吧

2020 年的春节，没有那么多的走亲访友、推杯换盏。人们通过电话、微信等工具互相拜年问候，看似多了些遗憾。但在实际聊天中，我能清楚地感觉到，大部分人都有一种“庆幸”的感觉，大概就是，少了许多无意义的饭局要应酬，少发了许多不必要的红包。

我时常思考一个问题：一个人发自真心想去拜访、想去聊天、想去聚会，甚至想与之一醉方休的朋友或知己，又有几人呢？你可以不回答，但心里一定很清楚。

古有金兰之交、忘年之交、生死之交，甚至托孤之交，你有这样的知己吗？鲁迅先生曾说：人生得一知己足矣！曾经我很不理解：我有很多朋友，“得一知己”还不简单吗？成年以后，想必大家都有了真切的体会。尤其是现在，快节奏的生活使人与人之间的交流，更多局限于握手之交、拥抱之交、点头之交、饭局之交，甚至“点赞”之交，或许对方换个头像或昵称，你们就失联了。请问，这样的交往，会让人有敞开心扉的感觉吗？不可能有。每个人都只想和真正的“知己”去交流和分享，不用说言不由衷的，连自己都讨厌的场面话。

与知己闲茶对坐，可以敞开心扉，无须顾忌条条框框。这远比与一个滔滔不绝、“满嘴跑火车”的人交流要舒服一万倍。

有趣的人生，一半是人，两三知己；一半是路，山川湖海。伯牙绝弦是因为听的人虽然很多，但能听懂的人已然不在了。交流时不用瞻前顾后地思考，不用字斟句酌地措辞，也不用遮遮掩掩地包装，如此，便是最好的关系。若一见面，说的都是些言不由衷的话，那该多煞风景。

亲爱的朋友们，不要把太多的精力，用在那些言不由衷的人身上，而是要专注于真正的朋友或知己。他们无论何时出现，都会让你精神抖擞、心情愉悦、能量满满。

教育是教人思考，而不是娱乐

春节期间，我和很多同行有比较深刻的交流，内容主要集中在新的一年里如何做好“教育”。对于民营教育的实践者，这个话题更显得尤为重要。

人们一提到民营教育，往往都会和“培训”一词联系起来，即所谓的教育培训业。其实，这两个词，有联系，但更多是区别。教育，是理性的、长期的，主要培养人的学习力、思考力乃至人格魅力。所谓“十年树木，百年树人”，足以看出教育的艰巨性、周期性。而培训，则是感性的、短期的，主要培养某些技术技能，按照某种模式去做就可以了。所谓“某某速成班”一般都是指培训，而不是教育。人们从幼儿园到大学毕业所接受的往往被称为教育，而不是培训。

现如今不少培训具有“短平快”和娱乐化的特点，可以满足当下很多人浮躁的心理需求。因为他们往往只想得到标准答案，不想做太多的思考。一些老师也是打着教育的旗号，实际在做培训。更有甚者，直接把课程变成了各种游戏加节目表演，短暂开心快乐之后，学生脑子里留下的还是一片空白。这些做法我是极力反对的。新的一年，我将继续坚持“做真教育·真做教育”的发展理念，一步一个脚印地去完成神圣的教育使命。

我一直都认为，教育绝不是娱乐。它的价值更多是触动人的心灵，引发学习者更深刻的思考，使其变得自信和成熟，而不是仅仅寻求简单直接的感官刺激和情感的瞬间愉悦。但是，娱乐性容易受到不爱深度思考人士的追捧，他们往往以此为依据，来判断一节课的好坏。

随着科技的发展，一些人每天抱着手机，不断地刷屏，享受着那些不需要分析、不需要思考就能得到的快乐。他们从此不能自拔，再也没有耐心去看一本书、去思考一件事，更谈不上去确立职业生涯规划，追求人生目标。每当你提醒他要接受系统的、规范的教育，他可能会拿着手机，振振有词地告诉你：“网上都有，随便看，想学什么就学什么。”我真想告诉他，那是娱乐，不是教育。其实，这是一种很悲哀的现象，也正是教育要扭转的局面。

所以，教育不能培训化，更不能过度娱乐化。它肩负着文化的传承，历史的使命。但凡师者，就要“传道、授业、解惑”。教育是神圣的、庄严的。企图让教育走向过度娱乐化、浅薄化、低俗化、快餐化的人，要么是教育的“骗子”，要么是无知者。

坚守“诚”字，“傻”得可爱

2020年春节期间，最紧俏的商品是口罩。一时之间，口罩成了“稀罕物”。大部分商家，都按照正常价格出售。但也有少数不良商人，似乎捕捉到了发财的“商机”，想方设法囤货后，恶意涨价。一只普通的一次性医用外科口罩，居然卖到30元、50元，甚至80元。这种不良商家不仅遭到了消费者的投诉，还受到了相关机构严厉的处罚，可谓赔了夫人又折兵。

《中庸》中提到：唯天下至诚，为能经纶天下之大经，立天下之大本，知天地之化育。意思是说，只有天下最真诚的人，才能制定治理天下的法则，树立天下的根本，掌握天地养育万物的深刻道理。

“诚”是一个非常重要的字。想做事情，必须要先有诚信，然后才能真正去做事。而这个“诚”，必须是发自内心的。

我认为，真正有大智慧的人是不自欺的。不欺人，不欺世。而那些所谓的“聪明人”，恰恰相反，以欺诈为本，把“聪明”当作巧取豪夺的手段。

一个人如果做不到“诚”这个字，其“智慧”就会沦为小聪明，也成不了什么大事业。但一直坚守“诚”字的人，看上去好像有些“傻”，送到面前的便宜都不愿意占。就像疫情期间，很多有道德的商家，不随意哄抬价格，只赚取合理的利润。君子爱财，取之有道。这个“道”字里面，“诚”应该是重要内容之一。

坚守诚信，有时候看起来会吃眼前亏，但是终究是为未来打下了基础，会有更大的收获，成就更大的事业。虽然这是很多“聪明人”不屑一顾的，但诚信是成大事者应该必备的素质。

不焦虑的人生，才是精彩的

长期以来，许多人有一个共同的特点，那就是对生活感到焦虑，对未来感到恐惧。这是打破铁饭碗，走向市场经济和自由竞争后的一种现象。社会的高速发展就必然会导致焦虑、恐惧症吗？肯定不是，相反，这会激发人们的动力和激情，更好地实现个人的人生价值，人们应该高兴和快乐才对。

但现实确实和想象中有巨大差距。快节奏的生活，让许多人几乎变成了工作的机器，但这并不足以让人恐慌或焦虑。我认为，人们对生活焦虑以及对未来恐惧的原因是对“高品质”的物质生活的过分追求，且这一现象有愈演愈烈的趋势。

其实，许多人开始的目标是有吃有喝、有房有车就好；一旦实现后，往往立即调整目标，想要吃得更高档，喝得更有品位，要住豪宅、开豪车，还想买架私人飞机。

一旦不能如愿，焦虑便随之而生，并且不断被放大。这已经严重影响了我们的生活质量，尤其是健康状况。

如何摆脱这种焦虑的情绪？只有真正明白了人生幸福的真谛，才能放下包袱，轻装上阵，用能力和智慧，活出属于自己的独特风采和幸福人生。“采菊东篱下，悠然见南山。”这就是陶公自己心中的幸福，和他人、和“高品质”的物质生活有直接关系吗？

每个人都应该思考：人生最宝贵的是什么？何谓真正的幸福和快乐？我们应该珍惜已有的，而不是一直去羡慕别人或是追求些虚无缥缈的事物。

让我们一起扬起生活的帆，突破焦虑的围追堵截，享受放松的快乐。